DUBANG ANQUAN TIXI

杜邦安全体系

崔政斌　赵 峰 ◎ 编著

所有的事故都是可以防止的

杜邦公司安全管理体系的22个要素

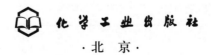

化学工业出版社

·北京·

内容简介

《杜邦安全体系》详细介绍了杜邦公司安全体系的22个安全要素。本书将杜邦公司的安全管理体系与我国企业的安全管理实践经验相结合，理论联系实际，具有可读性强、操作性强、接地气的特点。

本书作者从事企业安全生产工作30余年。本书在介绍杜邦公司安全体系的同时，融入我国科学发展、安全发展的指导思想，并指出做好企业安全工作有效的途径之一是贯彻落实杜邦公司安全管理体系的22大要素。

1. 组织文化机制
（1）强有力的、可见的管理层承诺。
（2）切实可行的安全方针和政策。
（3）综合性的安全组织。
（4）直线组织的结构和安全职责。
（5）挑战性的安全目标和指标。
（6）专职安全人员的支持。
（7）高标准的安全表现。
（8）持续性安全培训和改进。
（9）有效的双向沟通。
（10）有效的员工激励机制。
（11）有效的安全行为审核与再评估。
（12）全面的伤害和事故调查与报告。

2. 人员管理机制
（1）人员变更管理。
（2）承包商安全管理。

3. 设备安全管理机制
（1）设备的质量保证。
（2）设备启动前安全检查。
（3）设备的完整性。
（4）设备变更安全管理。

4. 过程安全管理机制
（1）过程安全信息管理。
（2）工艺技术变更管理。
（3）过程风险分析管理。
（4）应急响应和应急预案。

《杜邦安全体系》可供企业领导者、管理者和操作者在工作中参考。也可供有关院校的师生在教学实践中阅读。

图书在版编目（CIP）数据

杜邦安全体系 / 崔政斌，赵峰编著. —北京：化学工业出版社，2022.8

ISBN 978-7-122-41572-1

Ⅰ.①杜… Ⅱ.①崔… ②赵… Ⅲ.①杜邦化学公司-工业企业管理-安全管理 Ⅳ.① F471.267

中国版本图书馆CIP数据核字（2022）第095011号

责任编辑：高　震　杜进祥　　　　　　　文字编辑：王春峰　陈小滔
责任校对：刘曦阳　　　　　　　　　　　　装帧设计：韩　飞

出版发行：化学工业出版社（北京市东城区青年湖南街13号　邮政编码100011）
印　　装：河北鑫兆源印刷有限公司
710mm×1000mm　1/16　印张12　字数195千字　2023年1月北京第1版第1次印刷

购书咨询：010-64518888　　　　　　　　售后服务：010-64518899
网　　址：http://www.cip.com.cn
凡购买本书，如有缺损质量问题，本社销售中心负责调换。

定　　价：56.00元　　　　　　　　　　　　　　　　版权所有　违者必究

前言

顾名思义，安全管理体系是基于安全管理的一整套体系，体系包括软件、硬件两方面。软件方面涉及思想、制度、教育、组织、管理等；硬件包括安全投入、设备、设备技术、运行维护等。构建安全管理体系的最终目的是实现企业安全、高效运行。

笔者在此前出版了《杜邦安全管理》《杜邦安全理念》和《杜邦安全文化》三本著作，在本书中主要解析杜邦安全管理体系的要素构成，故取名为《杜邦安全体系》。

本书共有五章内容。第一章：绪论，简单介绍杜邦安全管理发展历程和杜邦安全管理体系。第二章：杜邦组织文化机制，主要介绍强有力的、可见的管理层承诺，切实可行的安全方针和政策，综合性的安全组织，直线组织的结构和安全职责，挑战性的安全目标和指标，专职安全人员的支持，高标准的安全表现，持续性安全培训和改进，有效的双向沟通，有效的员工激励机制，有效的安全行为审核与再评估，全面的伤害和事故调查与报告等要素。第三章：杜邦人员管理机制，主要就人员变更管理和承包商安全管理两个要素进行了阐述。第四章：设备安全管理机制，主要阐述设备的质量保证、设备启动前的安全检查、设备的完整性、设备的变更管理等要素。第五章：杜邦过程安全管理机制，主要就过程安全信息管理、工艺技术变更管理、过程风险分析管理以及应急响应和应急预案等要素进行了介绍和论述。

杜邦安全管理体系由22个要素组成，对于这22个要素，有的企业理解得比较深刻，安全管理工作就比较顺利；有的企业对这些要素理解得浅一些，没有掌握事故发生的规律，没有找到预防事故的方法和手段，安全管理工作难以理清头绪；还有的企业根本不知道杜邦的22个安全管理要素，在企业安全生产管理中束手无策，表现得毫无章法，头痛医头、脚痛医脚，致使安全管理比较混乱。因此，笔者觉得很有必要把杜邦安全管理体系的22个要素介绍给广大企业和员工，让他们明白企业安全管理的组成要素，明白安全管理中所需的工艺、设备、技术、人员、行为、变更、激励、意识、目标、计划、应急、演练、承包商、供应商等的重要性及管理方法。旨在规范企业的安全行为和员工的安全行为，最终达到安全文明生产，推进安全发展的目的。

本书在写作过程中得到化学工业出版社有关领导和编辑的大力支持和悉心指导，也得到了石跃武、崔佳、李少聪、范拴红、杜冬梅等同志的帮助，在此表示衷心的感谢。

对本书的疏漏和不当之处恳请广大读者批评指正，笔者将不胜感激。

崔政斌　赵　峰

2022年5月于张家口

CONTENTS 目录

第一章 绪论 …………………………………………………… 1
第一节 杜邦安全管理发展历程 ………………………… 2
第二节 杜邦安全管理体系 ……………………………… 4
　一、杜邦安全管理层级 ……………………………… 4
　二、杜邦安全管理模式 ……………………………… 12
　三、杜邦安全管理体系分类 ………………………… 15

第二章 杜邦组织文化机制 …………………………………… 17
第一节 强有力的、可见的管理层承诺 ………………… 18
　一、概述 ……………………………………………… 18
　二、杜邦的安全承诺 ………………………………… 20
第二节 切实可行的安全方针和政策 …………………… 21
　一、杜邦安全生产方针 ……………………………… 21
　二、杜邦安全生产政策 ……………………………… 22
　三、杜邦安全承诺的实践 …………………………… 23
　四、安全管理方针与原则如何实现 ………………… 24
第三节 综合性的安全组织 ……………………………… 24
　一、安全管理资源中心 ……………………………… 25

  二、各地区、各工厂安全人员的职责 25

  三、各个生产部门的职责 26

第四节　直线组织的结构和安全职责 28

  一、直线管理结构 28

  二、直线—职能型组织结构 28

  三、杜邦安全管理直线职能结构 29

  四、杜邦安全管理直线职能结构的管理作用 30

第五节　挑战性的安全目标和指标 31

  一、杜邦的安全目标和计划 31

  二、杜邦的安全指标 32

  三、制订个人行动计划的SMART原则 32

第六节　专职安全人员的支持 36

  一、专职安全人员是领导者的顾问与助手 36

  二、专职安全人员是员工的良师益友 37

  三、专职安全人员的培训教育 37

第七节　高标准的安全表现 47

  一、建立科学HSE制度的流程 47

  二、确定以风险为主线的制度开发优先顺序 48

  三、职能部门参与HSE制度的编制 49

第八节　持续性安全培训和改进 51

  一、杜邦的安全培训教育 51

  二、杜邦安全培训的表现 54

三、杜邦E-learning网络培训管理 …………………………………… 59

第九节 有效的双向沟通 ………………………………………… 62
一、杜邦双向沟通过程 …………………………………………… 62
二、杜邦安全工作沟通方式 ……………………………………… 63

第十节 有效的员工激励机制 …………………………………… 67
一、杜邦安全工作激励 …………………………………………… 67
二、杜邦安全绩效管理 …………………………………………… 68

第十一节 有效的安全行为审核与再评估 ……………………… 69
一、杜邦安全行为审核 …………………………………………… 69
二、杜邦安全行为再评估 ………………………………………… 70

第十二节 全面的伤害和事故调查与报告 ……………………… 71
一、事故管理理论 ………………………………………………… 71
二、杜邦对事故的认识 …………………………………………… 74
三、杜邦事故调查方法 …………………………………………… 75

第三章 杜邦人员管理机制 ……………………………………… 77

第一节 人员变更管理 …………………………………………… 78
一、人员的变更 …………………………………………………… 78
二、人员变更的作用 ……………………………………………… 79
三、人员变更的注意事项 ………………………………………… 80
四、杜邦人员变更管理规定 ……………………………………… 81

第二节　承包商安全管理 …………………………………… 83

　　一、杜邦承包商安全管理 ………………………………………… 84

　　二、破解企业承包商安全管理难题 ……………………………… 86

　　三、杜邦承包商安全管理六步法 ………………………………… 90

第四章　设备安全管理机制 …………………………………… 95

第一节　设备的质量保证 …………………………………… 96

　　一、杜邦设备质量保证 …………………………………………… 96

　　二、设备质量保证的具体措施 …………………………………… 97

第二节　设备启动前安全检查 ……………………………… 101

　　一、设备启动前安全检查的要求 ………………………………… 101

　　二、启动前安全检查规范 ………………………………………… 103

第三节　设备的完整性 ……………………………………… 106

　　一、什么是设备完整性 …………………………………………… 106

　　二、设备完整性管理体系 ………………………………………… 107

　　三、在役设备的机械完整性 ……………………………………… 107

　　四、如何实现设备的完整性 ……………………………………… 112

第四节　设备变更安全管理 ………………………………… 113

　　一、基本知识 ……………………………………………………… 113

　　二、杜邦设备变更程序 …………………………………………… 114

　　三、杜邦设备变更管理 …………………………………………… 116

第五章 过程安全管理机制 ... 119

第一节 过程安全信息管理 ... 120
一、过程安全信息包含的内容 ... 120
二、过程安全的特征及重要性 ... 126

第二节 工艺技术变更管理 ... 129
一、变更的流程 ... 129
二、杜邦变更管理工具的特征 ... 130
三、杜邦工艺技术变更"五步法" ... 131
四、杜邦工艺技术变更安全管理 ... 133

第三节 过程风险分析管理 ... 138
一、过程危害分析 ... 138
二、危险与可操作性分析 ... 144
三、工作安全分析 ... 149
四、杜邦过程风险管理 ... 157

第四节 应急响应和应急预案 ... 159
一、应急管理 ... 159
二、应急预案 ... 164
三、应急演练 ... 167
四、应急响应 ... 170

附录 企业安全生产事故综合应急预案示例 ... 173

参考文献 ... 180

第一章 绪论

美国杜邦公司是一家以科研为基础的全球性企业，提供能提高人类在食物与营养、保健、服装、家居与建筑、电子、交通等生活领域的品质的科学解决之道。杜邦公司成立于1802年，在全球约70个国家经营业务，共有员工98000多人，位列2019年《财富》"世界500强"排行榜100位。

杜邦的安全已经超越了"减少事故"的基本诉求，延伸到设备、质量、运营、仓储、运输等各个生产环节，驱动着杜邦安全管理体系和安全文化不断完善和发展，支持着杜邦在日益多元化的发展中，迅速成为各个领域的领导者。从某种意义上讲，是安全成就了杜邦200多年的可持续发展与永续经营。因此，杜邦安全如同三棱镜，全面折射出完整的杜邦安全体系和安全文化机制以及安全管理要素。

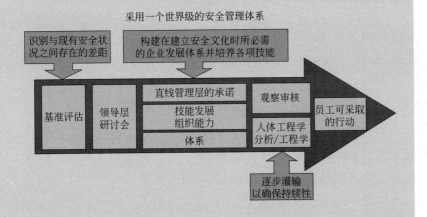

采用一个世界级的安全管理体系

第一节 杜邦安全管理发展历程

杜邦公司是一家以科研为基础的全球性企业，提供能提高人类在食物与营养、保健、服装、家居与建筑、电子、交通等生活领域的品质的科学解决之道。由法裔移民杜邦于1802年在美国特拉华州创立。在全球约70个国家经营业务，共有员工近10万人，在美国有40多个研发及客户服务实验室，在11个国家有超过35个实验室。杜邦公司有广泛的创新产品和服务，涉及农业、营养、电子、通信、安全与保护、家居与建筑、交通、服装等众多领域。杜邦安全发展历程见图1-1。

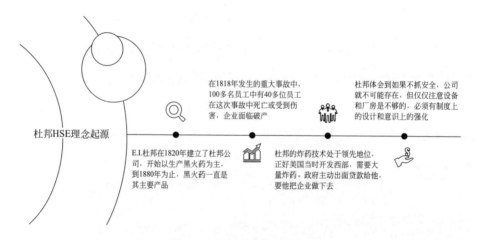

图1-1 杜邦安全发展历程

杜邦在1818年开始建立三项政策和制度：一是管理层对安全负责的制度。即安全生产必须由生产管理人员直接负责。由总经理、厂长、部门主管、车间主任、班组长对安全负责，而不是由安全部门负责。二是建立了公积金安全保险制度。即现在的工伤保险制度和安保基金制度。员工安全公积金个人缴纳一部分，公司拿出一部分。三是关注员工、关心员工，包括受伤害员工家属、子女的抚养安置。即现在的以人为本及相关福利政策。并且还规定，一项新的产品、工艺或一个新的工厂开工时，在最高管理层亲自操作之前，任何员工不允许进入工厂，必须由厂长、经理先操作，以此体现管理者对安全的承诺和重视。杜邦安全管理方法见图1-2。

随着业务范围的扩大，杜邦管理者意识到建立良好的企业安全文化的重要性，而这种文化的建立最初是通过以下活动实现的

有感领导　安全承诺和"有感领导"。所有安全管理规定总是由上而下，从最高管理者开始实施，管理者必须在工作人员中树立遵守安全管理规定的榜样，同时必须在实施安全规定的过程中提供资源保障

直线管理　明确各部门对安全管理规定的执行和管理职责。HSE经理只是管理事务的"顾问"，即引入好的安全管理规定，而执行管理规定以及检查管理规定执行程度的职责则要由各业务部门来承担

全员参与　与现场操作相关的安全管理程序的制定必须从下而上，并有操作工人参与；对安全管理措施提出改进意见的员工要进行奖励，哪怕这种建议在现实中比较难以采纳

图1-2　杜邦安全管理方法

　　进入21世纪，为了实现"创造科学奇迹"的企业目标，杜邦公司及其实验站正在进行的研究与开发项目有纳米技术、新兴显示技术、燃料电池能源和以玉米等可再生资源生产的生物材料。2000年，杜邦公司与麻省理工学院开始合作开展在生物科技和材料领域的尖端研究。这个总投资额高达3500万美元，为期5年的合作项目将综合杜邦公司与麻省理工学院在材料科学、化学、生命科学方面的优势，在生物电子学、生物传感器、仿生材料、替代能源和高附加值材料领域开发新的材料和工业应用技术。

　　纵观杜邦公司200多年的发展历史，其以"责任关怀"为核心价值观的企业文化是从两个方面提升企业核心竞争力的：一是"硬件"技术创新；二是"软件"组织创新。企业的技术创新，主要是把基础研究和应用研究的技术成果物化为可以直接使用的新技术、新工艺和新材料。其核心在于技术要素与其他要素的重组，关注的不是技术的获取而是技术的应用，尤其是新技术的首次商业化应用。杜邦公司把"责任关怀"演化为"生产优质产品，开创美好生活"和"创造科学奇迹"，推动技术创新成果不断涌现。20世纪材料革命的一些主要发明，很多都是由杜邦公司完成的，在今天已经商业化生产的40多种聚合物中，杜邦公司的发明就占其中大约75%。企业技术创新与核心竞争力之间存在着互动的关系，技术创新的主要目的是使企业不断地在市场竞争中获取优势，提高自身的核心竞争力；而核心竞争力的提高，又促使企业不断推陈出新，加快技术创新步伐，确保竞争优势。杜邦公司的技

术创新基本都是自主式创新,即原始创新。杜邦公司依靠自身强大的技术研发能力和市场开拓能力,自主研究,自主开发,不断推出新技术或新材料,保持自己在市场上、技术上的优势和领先地位。"硬件"作用的充分发挥,需要"软件"的紧密配合。技术创新与组织创新在构筑企业的核心竞争力中具有不同的功能。技术的作用在于为企业组织提供实现其目标的潜在的可能性,为构筑核心竞争力打下基础,而组织的作用则在于采用适当的方式去具体地实现其潜在的可能性,形成真正的核心竞争力。杜邦公司的企业组织管理经历了三次大转变,即:第一次转变,由家长式管理向现代企业管理的转变;第二次转变,由单一产品向多产品转变;第三次转变,由家族企业向现代巨型公司转变。组织创新为技术创新提供了保障,推动了技术创新的发展。

杜邦在安全管理发展历程中取得了良好的安全业绩。杜邦公司在后100年间形成了完整的安全管理体系,取得了丰硕成果并获得社会广泛认同。杜邦公司一直保持着骄人的安全记录:安全事故率是工业平均值的1/10,杜邦公司员工在工作场所比在家里安全10倍,超过60%的工厂实现了零伤害。杜邦公司在世界范围内的许多工厂都实现了20年甚至30年无事故,此事故是指休息一天以上的因工受伤造成的病假。30%的工厂连续超过10年没有伤害记录。

杜邦已经成为"安全"的代名词,杜邦公司的安全管理已经具有了品牌价值。以上所有的成就与杜邦建立的安全管理理念与安全管理文化及杜邦在安全管理历程中的实践有着密切的联系。

第二节 杜邦安全管理体系

一、杜邦安全管理层级

杜邦公司的安全管理是通过积累事故教训和生产过程中取得的经验,从而逐步发展、完善、提升、壮大的。杜邦安全管理从最初的本能级安全管理到基础级安全管理，到知晓级安全管理，到熟练级安全管理，到优秀级安全管理，最后达到世界级安全管理，经过了漫长复杂的认知过程、提升过程、管理过程，取得了世界公认的安全管理经验。因此，今天的杜邦安全管理是世界企业安全管理的典范。

1."0-本能"级

根据杜邦公司的统计结果，由人的不安全行为造成的事故约占全部事故的96％！不安全行为是造成伤害事故的主要原因。不断披露的安全事故昭示着：安全形势不容乐观，我们离建设一流能源化工企业的目标尚有较大差距，安全工作仍有盲区。主要表现为：上级抓得紧，下级动作快，风声一过，兀自懈怠；安全规章了然于胸，进入现场却"装糊涂"，自乱阵脚；看别人事故明白，自己遇事"犯晕"等。凡此种种，不一而足。

安全教育是一项长期的系统工作，服从和服务于我们的战略目标。尤其是在当前效益形势严峻，全员深入挖潜的大背景下，我们决不可故步自封。

随着安全教育的深入，一系列安全规章和规范相继出台，且逐步得到进一步细化，譬如我们现在推广的HSE（健康安全环境）规范就有很强的针对性和可操作性：从事故预想到危险辨识、应急处理、安全总结……应有尽有，切实可行！安全规章再好，终归要落实到人们的行动上，才具现实意义。"纸上得来终觉浅，绝知此事要躬行"，在日常操作实践中，知其然更要知其所以然，务求知行合一，精细之至，如是，则积久成习，化被动为主动，变僵死的教条为生动的现实，最终形成高度自主的行动——本能。

杜邦认为一切事故都是可以预防的，这是杜邦从高层到员工的共同理念。工作场所从来都没有绝对的安全，管理者并不能为员工提供一个绝对安全的场所，决定伤害事故发生与否的主要前提是工作场所人的安全本能行为。人的行为可以通过安全理念加以控制，抓事故预防就是抓对人的管理，就是抓员工本能的安全意识。

杜邦高层对安全的承诺是：致力于使工人在工作和非工作期间获得最大限度的安全与健康，致力于使客户安全地销售和使用杜邦的产品。安全管理的触角本能地涉及企业的各个层面，各个层面也本能地对各自范围的安全负责。例如：所有新入职员工第一天就是安全培训，并且由厂长主持培训，体现了"首因效应"和"先入为主"效果；每年的开年大会就是"安全会议"，无论什么会议第一讲就是"安全告知和安全分享"。

杜邦不能容忍任何偏离安全制度和规范的行为。这是对各级管理者和员工的共同要求，甚至将非工作期间的安全与健康也列入管理范畴，从因果关系来看：工作外不守纪律的人会用同样的态度来对待实际工作。如杜邦员工或管理者违章累计12分将被开除，违反杜邦"安全生命"条例高压线1次即被辞退。杜邦公司认为：宁可损失，多赔钱，也要坚决辞退不尊重生命的员工，这意味着"不可容忍"。

2."1-基础"级

安全生产事关人民群众生命财产安全，是社会永恒的主题，责任重于泰山。近几年来，各地企业对安全生产工作越来越重视，安全生产形势逐年平稳好转，但是目前安全基础薄弱、从业人员安全意识淡薄、安全保障能力不强，事故隐患还大量存在的情况亟待转变。经济社会快速发展，工业化、城镇化步伐加快，这对抓好安全生产工作提出了更高的要求。想实现既要发展，又要安全的目标，就必须要认清形势，抓基层、强基础，扎实做好安全生产各项工作。

杜邦十大安全理念就是杜邦最基础的安全工作。比如管理层对安全负责。管理层既要对决策层的安全工作决策负责，还要对所管理区域的安全生产直接负责。在决策层下达开工命令之前，任何员工不允许进入一个新的或重建的生产区域，也就是说，只有安全，才能开工。其目的就是提高所有层面对安全生产的基本认识。通过这一举措，让下属和员工感受到管理者对安全的重视，并且将其理念落实在工作实践中，要让员工知道"所有事故都是可以防止的"。

再如工作外的安全同工作中的安全同等重要，这也是杜邦的基础安全工作。杜邦公司在20世纪50年代推出工作外安全方案，因为杜邦的领导们意识到在工作时间8小时以外对员工的安全行为进行教育的必要性和紧迫性。员工在工作时间8小时以外受伤对公司本身的影响，实际上和员工在8小时以内受伤是没有太大区别的。因此，杜邦对员工的安全教育变成了24小时的要求。杜邦员工无论在上班时还是在下班后都要注意安全，安全理念是杜邦公司核心价值的体现。杜邦将"安全"与"家庭观念"相结合，使"安全"不只是一个名词或一句口号，它不仅与工作相关，同时与日常生活相近，因此决不能有一丝的侥幸、大意。把对安全的重视从工作场所拓展到家居环境，就是杜邦的基本安全管理，让员工感受到公司对家庭的重视，产生安全文化、安全思想上的共鸣。

各级管理层对各自所辖区域的安全直接负责也是其基础安全工作。为什么要直接负责？因为安全是一个公司的各个层面，每个角落，每个员工，点点滴滴的事。只有主要领导对他所管辖范围的安全负责，科室主任对他管辖的科室直接负责，只有所有的人对各自的安全负责，那这个单位才是真正的安全有人负责。安全部门的人员总是有限的，不可能深入每个层面去负责安全，所以安全必须是从高级管理层到科室主任和每位员工自身的责任，而安全部门的管理人员必须在技术方面提供强有力的支持。

此外，安全是被雇佣的一个条件，这是杜邦安全工作中最基础的。员工与单位的合同中有这样一条："只要我违反安全规定的话，随时可以受到解雇。"这使员工进入单位的第一天就意识到，这个单位是讲安全的，如果我违反安全规定，那么我就会被解雇。这是将杜邦的安全管理和人事管理结合起来。例如，当一个员工发生不安全行为，不是去批评他，而是去看他工作好的方面，与之沟通、交谈，了解他为什么这么做，这样就会知道真正的原因是什么。是员工不按操作规程做？员工的安全意识不强？还是上级管理层对他的重视不够？这样一个过程，拉近了管理层与员工的距离，让员工把他们的安全想法通过这样一个途径反馈到高级管理层。高级管理层只有知道了下面的不安全行为、不安全因素、不安全条件，才能对整个安全管理提出规划，提出整改，同时对发现的安全隐患加以整理、加以分类，明确哪些是需要投入资金的，哪些是需要人员管理的，达到有的放矢。这些都是杜邦安全最基础的工作和要求。

（1）加强基层基础建设是做好安全生产工作的关键。

① 安全监管重心在于基层基础工作。

② 安全管理基层基础不牢是事故发生的重要原因。

③ 基层基础建设直接影响安全生产政策法规的落实。

（2）加强安全生产基础建设的几点建议和思考。

① 重视和加强基层基础建设。在安全生产工作部署中，出台政策措施向基层基础工作倾斜。在硬件建设上加大投入，出台基层安监站硬件标准，保障基层办公所必需的基本条件。积极推广安全生产科学技术的应用，提升基层监管能力。

②加强制度建设，全面规范基层基础工作。健全安全生产责任制、落实岗位责任制，用制度约束人，用制度管理人，用制度激励人。完善工作绩效考核机制，建立健全安全监管责任体系，完善工作制度和考核约束机制，制定安全监督工作标准、检查程序、考核奖惩及其配套的相关制度，明确考核内容，细化考核标准，量化考核办法。

③以能力建设为重点，全面提高基层监管能力。杜邦公司首先严把队伍入口关，使得安全监管人员具备一定的现场安全、生产、技术管理工作经验。对业务能力差、责任心不强等不适合或不胜任安全监管岗位工作的人员，及时进行调整，确保队伍的整体素质。其次加强安全生产业务学习。通过加强基层队伍建设，不断提高安监人员的思想政治素质和业务素质，促进工作方式、工作作风的转变，培养和造就一支政治坚定、作风过硬、业务精通、执法严明、充满活力的新型安全监管队伍，夯实基层安全工作基础。

本能级与基础级的区别见图1-3。

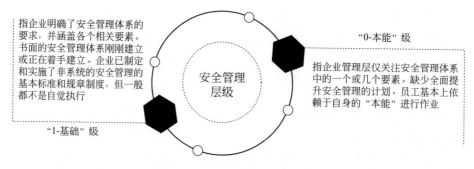

图1-3　本能级与基础级的区别

3."2-知晓"级

杜邦认为安全生产知晓就是要搞明白安全生产基本知识。只有当员工知晓了企业的安全生产基本知识，员工才能把安全生产工作搞好。杜邦的安全生产基本知识如下。

①杜邦公司之安全、健康、环境承诺。②杜邦卓越经营最高的准则。③杜邦持续改善工艺、操作及产品。④杜邦的安全目标。⑤杜邦节约能源、资源保护及动物保育措施。⑥杜邦安全生产基本策略。⑦杜邦管理者及员工之安全承诺。

4."3-熟练"级

杜邦十大安全理念之一就是"良好的安全创造良好的业绩"。员工熟练掌握安全生产要领,按照标准去操作、去作业,就能避免发生事故。杜邦认为这是一种战略思想,员工要想熟练掌握操作要领,就要进行安全培训,就要进行安全生产实践,这是一种安全投资。在杜邦看来,如果把安全放在与业务发展同样重要的位置考虑,就不会认为安全投入是成本,而是生意。这在实际中是很重要的。抓好安全能促进企业发展,使企业有个良好的环境、条件,实现企业的发展目标。否则,企业每时每刻都在高风险下运作。

知晓级和熟练级的区别见图1-4。

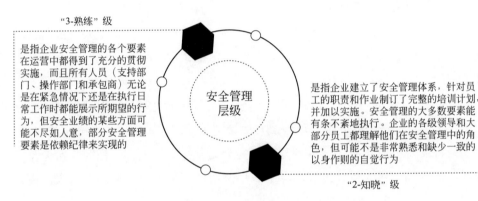

图1-4 知晓级和熟练级的区别

5."4-优秀"级

杜邦公司认为,优秀的员工才是安全生产的主力军,优秀的员工才能保障安全生产的顺利进行。他们把优秀员工的成长和培养当作企业安全工作的头等大事,并将成为优秀员工的条件归纳如下。

(1)要想成为优秀员工,最基本的就是遵守准则,讲信用,并且用心做事。

(2)要有团队精神,既懂得注重自己的个人形象,也懂得维护公司声誉。有团队精神,懂得合作,才能在团队合作中成长;懂得维护公司声誉才会更加努力地去提高自己的能力,去为公司努力付出。

(3)优秀员工总是有积极主动的工作态度,并且总是乐于和勇于承担责任。只有勇于承担责任才会更成熟,比别人拥有更多的经验,丰富的经验是优秀员工所要具备的。

（4）一个优秀的员工除了踏实做事外，还要善于不断学习与专业有关的新知识，并且还要善于抓住各种培训机会去不断充实自己，只有这样才能在同事中脱颖而出。

（5）要成为优秀员工，在平时的工作中要注重细节，不断地去追求完美，不断地去创新，这样就会比同事更加突出。

（6）具有较强的执行力，学会在安全生产工作中总结经验，找到合适的方法提高安全工作效率，能为公司的安全发展提出更好的意见和建议。

6."5-世界"级

杜邦公司认为，建设世界级安全管理水平的企业，以下几点是必须要做到世界级的。

（1）组织领导。指高级领导人指导组织行为和审查组织业绩。

① 建立一个不依赖于任何人的强有力的领导班子。高层管理人员定期花时间与员工、顾客及其他主要人员进行接触。定出计划，将业绩标准与企业日常经营相结合。

② 社会责任及公民的权利与义务。确立在公共卫生和环境保护领域提高业绩的长远目标，在公共安全、环境及其他管制领域超过国家或社会既定的水平。提供资源支持有关实施公民权利与义务的活动，并支持教育、社区、慈善及专业组织的活动。将支持公民权利、义务与营销计划和公司形象联系起来，使公司因支持一两项事业而闻名。

（2）安全战略制定。制定战略以提高组织业绩和增强竞争力。

① 编写年度经营和长期战略规划，将规划过程的重点放在战略思考而不是制订临时计划上。

② 形成明确的看法，识别关键成功要素，确立成为所在行业领导者的目标。

（3）安全战略实施系统。包括描述安全战略发展过程，总结行动计划和相关业绩措施，设想在将来这些关键措施的执行情况。

① 明确使自己区别于主要竞争对手的关键成功要素。

② 为实现目标确定具体的战略或行动计划。

③ 将计划传达给各级员工和合作伙伴，从而使其了解他们在帮助组织实现理想方面发挥的作用。当经营环境改变时，迅速修改或更改目标和战略。

（4）安全信息与分析系统。

① 根据关键的安全经营战略及安全理念来选择业绩衡量尺度，保证管理人

员通常审查的衡量指标数目超过20个。包含注重过去、现在和将来并且与股东/业主、顾客和员工的安全需求相关的均衡的衡量指标。

② 组织业绩的分析。分析业绩数据的信息，以评估和了解全面的组织业绩。在各级举行安全例会，分析安全业绩数据。

（5）人力资源系统。

① 工作制度设计。通过岗位设置、薪酬设计、员工职业生涯规划来激励员工，获得组织的高绩效。设计适当的工作岗位和组织结构可以促进授权，提高工作效率，使员工得到更好的发展，同时消除无增值的工作。

② 员工安全教育培训和发展。通过有效的培训制度增加员工的知识并增强其技能，提高员工工作能力以获得组织的高绩效。每年在培训上的投资，大约要占员工年收入的5%。企业要进行系统分析，确定员工培训需求；提供培训及后续活动，确保培训中学到的技能用在工作岗位上；根据受训者的反映和业绩的提高对培训效果进行评价；根据培训效果的反馈不断改进培训工作。

③ 员工福利和满意度。设计一个能提高员工满意度、工作积极性的福利制度和工作环境。

将员工福利的重点放在使员工愉快工作的方面，经常收集各种衡量员工满意度的数据。建立能培养和保持员工忠诚度的劳动制度。

优秀级和世界级的区别见图1-5。

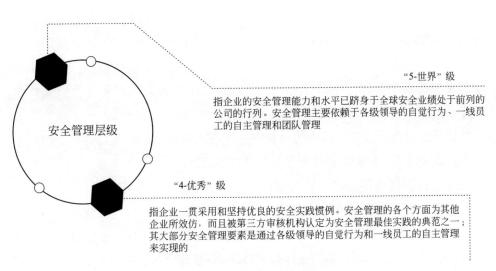

图1-5 优秀级和世界级的区别

二、杜邦安全管理模式

　　杜邦公司在全球各地的所有企业，都遵循杜邦公司统一的安全理念，应用相同的安全管理模式，建立相同模式的安全文化。置身于杜邦的企业，各种安全警示标志随处可见，现场管理清洁有序，员工自觉遵守安全规则，充分体现出"员工的直接参与是关键"的安全理念，展现了杜邦安全文化的魅力。笔者对杜邦安全管理模式感受最深的有以下几个方面。

1.从上到下的"有感领导"

　　杜邦安全文化的实质是由全员参与安全管理，这种企业安全文化的基础是各级管理层的大力支持并且以自身的行动向所有员工展示管理者对安全的重视。例如，在2005年杜邦集团公司CEO得知巴西的一名员工在工作中因事故于9月22日上午在医院去世的消息后，立即中止参加在奥兰多举行的"世界工作场所安全管理峰会"（杜邦是该大会的主要赞助商），本来安排他在23日的大会发言也由一位副总裁代为宣读，他立即返回惠明顿杜邦公司总部，了解事故情况，并在23日向全球的杜邦公司员工发出邮件进行通报。作为一位大型跨国公司的CEO，中止参加如此重要的会议，亲自关注远在几千公里之外的一起安全事故，并且亲自（而不是由安全部门）在第一时间向全球的员工发出电子邮件进行通报，充分展现了杜邦管理层对安全管理工作的重视程度，同时也充分体现了杜邦安全管理理念中的"有感领导"。

　　后来了解到，所有杜邦公司的员工事故都必须向CEO报告，对于造成人员死亡的重大事故，CEO会亲自跟踪事故的调查情况。每个季度CEO在向所有员工通报全公司的经营业绩时，第一项总是安全统计数据。此外，管理者参加的安全管理会议都是专门召开的，并不与其他生产经营会议安排在一起。

　　杜邦公司坚持认为，优秀的企业安全管理文化和卓越的安全管理业绩，必须也只能通过管理层的"有感领导"来维持和发展。

2.安全管理的直线责任制

　　杜邦公司安全管理措施的落实采用直线管理责任制，每一个业务部门的经理对所管辖的区域和人员的安全负有责任，而不是由安全部门去监督各部门安全管理措施的落实情况。例如在休斯敦La Porte杜邦厂区，有四个生产不同产品的工厂，厂区的总经理对这四个工厂的安全业绩负责，各工厂的厂长对各自的工厂安全业绩负责,各工厂的每一个业务部门,如生产部或办公室的主管必须确保他们管辖区域内(生产车间或办公室)所有人员的安全,包括本部门的工作人员、外来的承包商或者参观者。厂区的HSE经理是厂区总经理在安全管理方面的总顾问,负责分析厂区的安全管理数据,引入新的安全管理方法和标准,并就安全管理的宏观方面提出建议,但这些方法的实施和建议的采纳是通过总经理来执行的。

3. 全员参与安全管理

通过200多年的发展,杜邦公司已经形成了全员参与的安全管理文化。在杜邦新加坡工厂,每个安全管理分委员会都有一般员工参加,这使得一线的操作工人在安全管理方面有充分的发言权。该厂人事部门必须对新进的员工进行一般的安全规定培训,而比较专业的安全技能培训则由安全部门和相应的生产部门提供。

杜邦公司的所有工厂都有全员参与的定期安全检查。杜邦公司新加坡工厂中心控制室的布告栏中有一份全年的安全检查计划表,上面规定了不同职位的人员进行安全检查的频率以及检查小组成员的组成。在经理检查时,都会安排一般员工一起检查,这样做的目的有两个:一是员工与经理一起进行安全检查可以让员工感觉到管理层在安全管理方面的"有感领导";二是在检查过程中双方可以互补——经理对大局了解得多,而操作工人对现场熟悉。与经理一起进行安全检查的操作工人不是固定的,这样可以让更多的操作工人与经理一起从事安全管理活动。

杜邦公司安全管理的全员参与也体现在安全激励机制方面。杜邦公司有一个董事会安全奖,奖励包括实物和荣誉,但这个奖只针对团队而不针对个人。比如在休斯敦的La Porte厂区,只有厂区内四个工厂在一定时期内没有发生可记录的安全事故,才能得到这个奖项,奖励厂区的所有人。这就督促所有人员不但自己要遵守安全管理规定,而且会提醒自己周围的人员,不管是承包商还是来访者,去遵守安全管理规定。

杜邦公司对员工培训最多的项目也是安全方面的。每一个杜邦员工在加入杜邦时,都必须承诺信守杜邦"安全是被雇佣的条件"的安全理念,保证每一个员工都知道他/她所应该遵守的安全管理规定。所有参加安全培训的员工在培训结束后都有考核/考试记录,该记录作为人事部门考查员工业绩和晋升的重要依据之一。在杜邦,不能遵守安全管理规定的员工,哪怕在别的方面工

作能力再强,也不能在杜邦工作下去。La Porte厂区的总经理给笔者讲了一个销售经理的故事。该经理加入杜邦后,在销售方面取得了非常优异的业绩,可是他负责的部门在安全管理方面的记录比较差,厂区总经理和他谈话后,又让他参加了安全管理方面的培训,以使他承担起相应的安全管理职责。可是经过一段时间,他在安全管理方面的业绩还是没有提高,最后,这位在业务方面非常优秀的经理也不得不离开杜邦。厂区总经理认为,杜邦对这样的员工的离开一点都不会惋惜,因为杜邦有一句名言:安全方面的事情是不能讨价还价的。

4.安全是企业核心价值的体现

安全是杜邦公司的四大企业核心价值之一,这次参观也使笔者对这种核心价值的体现深有感触。在休斯敦的La Porte厂区,总经理表示,他非常倚重他的HSE经理,他说他的提升在很大程度上取决于他的HSE经理的工作,同时他也强调,在提拔人员的时候,HSE经理的提升机会与别的关键部门的经理一样多,甚至更多。

在杜邦公司,所有的团队奖励、个人提升、各工厂在杜邦集团公司内部的地位与形象基本上由该部门的安全业绩决定。在杜邦内部会公布所有工厂的安全业绩,并进行排名,但不对生产业绩或盈利能力进行排名。所以,从事安全管理的人员都会受到从上到下的尊重。

5.安全管理组织及其职责

杜邦安全管理组织结构采用直线安全管理方式,从管理架构上充分体现了公司所强调的"谁主管、谁负责"的原则。杜邦公司的专职安全人员大多是从各个领域提拔出来的具有实际生产经验和管理经验的优秀管理人员,负责宏观安全管理的组织、策划、评估和技术支持等工作。在与杜邦公司各个层面的安全管理人员现场交流过程中,笔者还深切体会到他们在杜邦公司这个重视安全的企业里所表现出的工作热情,充满自尊、自信与自豪。

杜邦公司经过200多年不懈的努力形成的安全管理模式,是杜邦公司一笔巨大的财富,也是全球共有的财富。在以人为本,创建和谐社会的今天,借鉴杜邦的安全管理模式,建立中国企业的安全管理文化,是我们做好安全管理工作的必然选择。

三、杜邦安全管理体系分类

1. 组织文化机制

（1）强有力的、可见的管理层承诺。

（2）切实可行的安全方针和政策。

（3）综合性的安全组织。

（4）直线组织的结构和安全职责。

（5）挑战性的安全目标和指标。

（6）专职安全人员的支持。

（7）高标准的安全表现。

（8）持续性安全培训和改进。

（9）有效的双向沟通。

（10）有效的员工激励机制。

（11）有效的安全行为审核与再评估。

（12）全面的伤害和事故调查与报告。

2. 人员管理机制

（1）人员变更管理。

（2）承包商安全管理。

3. 设备安全管理机制

（1）设备的质量保证。

（2）设备启动前安全检查。

（3）设备的完整性。

（4）设备变更安全管理。

4. 过程安全管理机制

（1）过程安全信息管理。

（2）工艺技术变更管理。

（3）过程风险分析管理。

（4）应急响应和应急预案。

从以上杜邦安全管理体系分类来看，共分为四大板块。其中：组织文化机制共有12个要素；人员管理机制共有2个要素；设备安全管理机制共有4个要素；过程安全管理机制共有4个要素。本书将围绕这22个安全管理体系要素进行全面阐述。

杜邦安全管理体系是一个庞大而复杂的巨系统，虽然由22个要素组成，但每个要素蕴含了丰富的安全管理内容和安全技术要领，杜邦安全管理体系要素博大精深，它既含有杜邦安全理念，又包括杜邦安全文化，也蕴含杜邦安全方法，还验证杜邦安全理论，是一座开放的，取之不尽、用之不竭的企业安全管理宝藏。

第二章 杜邦组织文化机制

组织文化是组织成员共同具有的价值体系，它使组织具有特色；它表达了组织成员的一种认同感；它使组织成员不仅注重自身利益，更考虑组织利益；它有助于增强企业安全系统的稳定性。文化作为一种精神力量在人们认识世界和改造世界中，能够引导员工和塑造员工的态度和行为，文化决定了组织安全行为规则。

杜邦通过专业培训，提高员工业务水平，经常提供员工海外学习的机会，并召开研讨会、展览会、报告会，安排不同部门员工相互参观学习等，来建立组织文化机制。

在安全生产方面，杜邦公司也会派人员到美国总部交流学习，并采用线上与线下相结合的形式，提供安全、技能、能力等培训，帮助员工不断提高安全文化素养。在安全绩效指标方面，细分为员工遵守安全规定、零损工事故、零限工伤害、安全、环保、制程等考核指标。通过监督、测量、评估等确认达到安全目标。

第一节 强有力的、可见的管理层承诺

一、概述

在每个企业中,管理者都是赋予企业生命、注入活力的要素。如果没有管理者的领导,"生产资源"始终只是资源,永远不会转化为产品。在竞争激烈的市场环境中,企业能否成功,能否长存,很大程度上取决于管理者的素质与绩效,因为管理者良好的素质与绩效是企业的有效优势。企业管理者的安全承诺,是企业安全生产的有力保障。一般来说,管理者安全承诺包含技能和原则两个方面。

1. 技能

（1）技术技能。技术技能是一个人对某种类型的过程或技术所掌握的知识和能力。例如,会计人员、工程师、文字处理人员和工具制造者所学习到的技能。在操作人员和专业人员层次上,技术技能是工作绩效的主要影响因素。但是当员工升职并拥有领导责任后,他们的技术技能就会显得相对不重要了,作为领导者,他们更加依靠下属的技术技能；在许多情况下,他们基本上不参与他们所管理的技术技能实践。

（2）人际技能。人际技能是指有效地与他人共事和建立团队合作的能力。组织中任何层次的领导者都需要人际技能,这是领导技能的重要组成部分之一。

（3）概念技能。概念技能是按照模型、框架和广泛关系进行思考的能力,例如长期计划。领导者的职位越高,它的作用也就越重要。概念技能处理的是观点、思想,而人际技能关心的是人,技术技能涉及的则是事。

2. 原则

（1）最重要的是懂得沟通。在杜邦安全理念的实际运用过程中,安全沟通是一个很重要的环节。管理人员可以通过沟通的方式在员工中形成一种浓厚的安全文化氛围,以此来提高员工遵章守纪、自我防范的意识。拥有好的沟通表达能力,才更有可能拥有更大的舞台、更多的机会、更好的人生。与人沟通时要注意一些沟通技巧：一是沟通之前要弄清楚沟通的内容和目的。二是把想要

表达的内容说清楚。三是要处理好异议，各自说明，通过沟通达成共同的想法。沟通时应面带笑容，语态温和，所有人都喜欢和面带笑容、语态温和的人谈话，因为能从这个人的讲话中听出一种亲切感。杜邦"安全观察与沟通"的管理方法就是其最好的安全管理方法。

（2）愿景比管控更重要。愿景就是公司对自身长远发展和终极目标的规划和描述。缺乏理想与愿景指引的企业或团队会在风险和挑战面前畏缩不前。管理者如果对自己所从事的事业没有坚定的、持久的信心，就不可能在复杂的情况下，从大局、从长远出发，果断决策，从容应对。为企业制定一个明确的、振奋人心的、可实现的愿景，对于一家企业的长远发展来说，其重要性更为显著。处于成长和发展阶段的小企业可能会将更多精力放在求生存、抓运营等方面，但即便如此，管理者也不能轻视愿景对于凝聚人心和指引方向的重要性；对于已经发展、壮大的成功企业而言，是否拥有一个美好的愿景，就成了该企业能否从优秀迈向卓越的重中之重。杜邦建立世界一流安全管理系统就是其愿景。

（3）信念比指标更重要。信念看不见、摸不着，但却可以不断夯实。全力以赴搞好安全生产，保障企业安全生产的顺利进行，努力提高员工的安全意识、降低事故率和人员伤害率；切实维护正常生产运行秩序，努力保持生产生活平稳有序，正视存在的问题，及时发布、沟通安全信息，积极回应员工关切的问题，增强及时性、针对性和专业性，加强安全文化建设，有针对性地做好人文关怀。每个人都会看在眼里，记在心上，付诸行动中。杜邦"零伤害、零事故目标"就是对安全的信念。

（4）团队比个人更重要。团队精神有利于增强员工的责任心，使其在企业安全工作中做好本分工作。任何团队想要完成工作任务，必须合理分配成员的任务。而团队精神较强的员工，自然会有很强的责任心，能尽责地完成自己的任务，不会偷工减料，得过且过。团队精神是大局意识、协作精神和服务精神的集中体现，是以协同合作为核心，反映了个体利益和集体利益的统一，保证集体高效运转的一种精神。团队精神在工作中扮演着极其重要的角色，任何一个组织机构或者单位如果缺乏团队精神，就会如同一盘散沙，运作效率低下。杜邦的安全管理组织文化机制就是充分展示了团队的力量的典型。

（5）授权比命令更重要。授权比命令更重要也更有效。但是，管理者该如何做好授权呢？其中最重要的就是权力和责任的统一。即，在向员工授权时，既定义好相关工作的权限范围，给予员工足够的信息和支持，也定义好它的责任范围，让被授权的员工能够在拥有权限的同时，可以独立负责和彼此负责，这样才不会出现管理上的混乱。也就是说，被授权的员工既有义务主动地、有创造性地处理好自己的工作，并为自己的工作结果负责，也有义务在看到其他团队或个人存在问题时主动指出，帮助对方改进工作。杜邦"有感领导"的管理方法很好地说明了"授权比命令更重要"的道理。

（6）平等比权威更重要。平等的第一个要求是重视和鼓励员工的参与，与员工共同制定团队的工作目标。这里所说的共同制定目标是指，在制定目标的过程中，让员工尽量多地参与进来，允许他们提出不同的意见和建议，但最终仍然由管理者做出选择和决定。这种鼓励员工参与的做法可以让员工对公司的事务更加支持和投入，对管理者也更加信任。虽然不代表每一位员工的意见都会被采纳，但当他们亲身参与到决策过程中时，他们的想法被聆听和讨论，那么，即使意见最终没有被采纳，他们也会有强烈的参与感和认同感，会因为被尊重而拥有更多的责任心。杜邦十大安全理念之一"员工的直接参与是关键"就是对"平等比权威更重要"最好的诠释。

二、杜邦的安全承诺

1.杜邦公司之安全、健康、环境承诺

杜邦公司向所有员工、客户、股东及社会大众承诺：杜邦一定会在尊重与爱护环境的前提下营运；在执行引领公司迈向成功的政策时，极力为员工、客户、股东及社会大众创造最高利益，所有作为决不损及后代子孙之利益。杜邦公司是真正把安全、健康、环境当作企业头等大事的卓越企业。

2.卓越经营的最高准则

杜邦秉承最高的标准来安全地运转设备和设施及保护环境、员工、顾客及社区的民众。杜邦把设备的安全运行和生产的环境保护作为最高的准则，实乃安全之集大成者。

3.持续改善制程、操作及产品

杜邦将在安全及兼顾环境的前提下制造、使用、处理、包装、运输及弃置相应物资。安全程序和安全规程是进行生产的标准，是员工的第一安全守则，杜邦在遵守安全规程和安全作业程序方面是世界一流的。

4.零伤害、零疾病、零事故的目标

杜邦深信所有的职业伤害与疾病，如安全、环境事故，都是可以避免的。只有把安全放在第一的位置，在做任何事情，干任何工作时把安全放在首位，

才能或才敢把目标定为"三零目标",这需要过硬的管理本领和健全的管理体系作支撑。

5.能源节约、资源保护及动物保育

杜邦将有限地利用煤炭、石油、天然气、水、矿物及其他天然资源。杜邦将通过规划土地利用,来改善野生动物的栖息环境。资源是有限的,保护资源是每个有良知的企业应尽的义务,杜邦在这方面给其他企业树立了榜样。

6.开诚布公、政策导引

杜邦将向员工、客户、股东及社会公开有关杜邦制造、使用及运输的物资,以及杜邦公司在安全、健康、环境各方面所造成的影响。杜邦在生产经营中,安全问题均是对员工、客户和股东公开的,这样做,有利于他们之间的相互了解、相互支持和相互促进,共同把安全的事情做好。

7.管理者及员工之承诺、责任

有关安全、健康、环境的事件须报告给董事会,董事会须制定政策,及采取相关措施来达成安全承诺。杜邦公司之所以200多年长盛不衰,其秘籍之一,就是上下同心,共同为安全事业的高楼大厦添砖加瓦,董事长、总经理、高级管理层、中间管理层、基层管理层、班组长、员工,从上到下或从下到上共同铸成安全生产的铜墙铁壁。

第二节 切实可行的安全方针和政策

一、杜邦安全生产方针

1.要素主旨

杜邦要求企业必须建立起切实可行的安全方针以指导增强安全意识和改善工作场所的健康、安全和环境状况的工作,并要求全体员工,不管是经理、主管还是临时工,在他们的工作中加以遵守。所制定的安全方针必须用员工能理解的语言向他们解释,用日常工作中的事例向基层单位和员工宣讲。管理层必须让员工看到他们是如何执行该安全方针的,并让员工知道该方针是怎样应用于企业的安全决策过程的。如果没有这样的安全方针,在企业其他业务繁忙的时候,安全就可能会被搁置在一边。

2.安全方针

杜邦公司向所有的顾客、股东包括雇员和广大公众声明:杜邦公司将本着尊重、关心安全的态度管理企业。杜邦将履行旨在建立成功企业并且为上述人员实现其最大的利益的战略,同时又不损害我们的后代满足自己需求的能力。

(1)将安全作为最高的绩效标准。

(2)生产中实现零伤病、零事故目标。

(3)生产中实现零废物、零排放目标。

(4)将安全、健康和环境问题作为制定安全方针政策的依据。

(5)使安全教育培训贯穿安全生产的始终。

(6)部署公司的安全资源,加强企业安全管理。

(7)定期向公众通报在履行安全承诺过程中所取得的全方位的进步。

二、杜邦安全生产政策

杜邦将依据技术进步以及对安全、健康和环境科学全新的解释持续地改进业务,在企业内部将实现这一方针,并在此过程中取得言行一致的、可测量的进步。杜邦支持化学工业对"当今的环境伙伴"应负的责任,支持为此制定的化学工业战略,并且把它们作为实现这一方针的关键步骤。

杜邦将安全、健康和环境问题作为整个商业活动的一部分,并且继续努力使企业的行为与公众的期望取得一致,以此达到加强企业安全生产的目的。

杜邦认为,一切工伤、职业病以及安全和环境事故的发生都是可以预防的,其目标是发生率为零。杜邦将增进雇员在非工作场合的安全,并做好应急事件的准备,同时帮助地区社团改进他们的应急准备工作。

杜邦的安全生产政策是:

(1)领导对安全的承诺。这种承诺必须从最高管理层开始,一直延伸到基层。

(2)制定安全生产方针与管理原则。其目的在于给整个组织的安全管理工作制定指导性和可操作性的原则和长期目标。为了提高安全绩效,高级管理层必须制定明确的安全政策，无论是领导、管理层还是操作人员，在日常工作中任何情况下都应该遵循这一方针政策。

（3）杜邦"保命"条例是全体人员不可逾越的红线。杜邦"保命"条例如下。

① 任何人不能违反上锁，加标签，清理和试车的程序。

② 任何人不得违反受限空间进入许可的程序。

③ 任何人不得违反"管线断开"程序。

④ 除了在完全遵守DNT（Do Not Touch）程序的情况下，任何人不得直接或间接地接触任何转动/移动的设备或物料。

⑤ 任何人不得未经授权进行带电作业。

⑥ 任何人不得未经授权旁路安全联锁。

⑦ 在存在跌落危险的1.8米以上高处作业时必须系安全带。

⑧ 任何人不能指使或容忍任何违反安全保命条例的行为。

⑨ 在公司内，公司车辆内或者为公司工作时都必须系好配置的安全带。

⑩ 没有相应的证照，任何人不得操作特种设备。

⑪ 上下班途中骑乘摩托车、电瓶车要佩戴安全头盔。

（4）安全管理必须设置明确的目标和指标。目标指明了安全管理的总体方向，指标指明了实现目标所必须采取的步骤。

（5）建立一个强有力的核心组织，去完成有效的安全管理。

（6）运用激励机制和方法。最佳的激励方法是让每个员工都参加安全工作、组织安全活动、参加安全会议，并对其安全表现及团体所取得的成就加以认可和奖励。

三、杜邦安全承诺的实践

虽然杜邦以高标准、严要求著称，但在坚持安全核心理念不变的情况下，杜邦公司的一些企业同时结合自身情况，因地制宜，制定切实可行的安全条例。如上海杜邦农药有限公司针对农药生产的特殊性，对员工工作服的存放、清洗和废旧制服的处理都做出了具体规定。为了使安全措施和规则容易为员工所接受和记忆，杜邦公司还专门编写了办公室安全手册，并配以录像，生动形象地展示给员工。此外，公司还定期进行安全检查，查出的不符合安全规定的地方，都会被拍照并通知员工，以引起注意，从而使安全管理做到未雨绸缪，防患于未然。

四、安全管理方针与原则如何实现

杜邦要求通过企业各级领导的宣讲、诠释和身体力行，来提升全体员工对其安全管理方针、原则的认知度。领导的身体力行体现的是杜邦的"有感领导"方法，也说明领导对安全的重视。领导亲自宣讲杜邦的安全管理方针可对公司方针进行最为权威的解释，因为领导参与了安全管理方针的制定。

杜邦要求确保公司安全管理方针、政策在公司各个层面真正得到贯彻，这成为公司的核心理念。他们认为有了好的方针、政策，得不到贯彻落实等于没有，因此，必须通过一系列的安全教育培训、生产现场和岗位场合的实践进行贯彻落实，并且把落实情况作为安全考核的重要指标，把贯彻落实公司安全管理方针和政策作为安全工作的核心理念进行强化。

杜邦要求各级领导要将自身特点与日常工作相结合，体现强有力的领导层承诺。各级领导结合自身的工作特点，去贯彻落实公司的安全管理方针和政策，具有实践性和实用性，能够深入浅出地、现身说法地进行宣传，具有更强的感染力和感召力，这是杜邦落实安全管理方针、政策的成功之举，经验之策。

第三节 综合性的安全组织

杜邦有生产管理层，从总裁、副总裁、厂长到生产部门和服务部门，他们对安全直接负责；杜邦也有安全副总裁，他抓安全，但他不对安全负责，他负责整个公司的安全专业队伍的建设和他直接管辖范围以内部门的安全。因为从某种角度讲，安全部门也是公司的一个生产管理部门，他对自己的职责负责，并对全公司提供强有力的安全保障，这就是安全生产的直接领导责任，安全部门是对全公司的安全负责的。

一、安全管理资源中心

关于职能，杜邦有副总裁负责健康安全环境（HSE）中心，杜邦这个中心有五六十位各方面的专家，能解决企业内部各方面的安全技术问题，如果还不够的话，可以到高校聘请教授。中心和社会上的安全组织建立了良好的网络关系，万一企业有安全方面的问题，可以得到很好的技术支持。杜邦HSE中心的职责如下。

（1）为公司提供安全战略规划，满足公司业务发展的要求，提升公司的公众形象。HSE中心支持公司远景规划，提出对公司的业务发展的要求，提升公司在国际的形象，为公司服务。

（2）与不同业务部门、区域和地方分享HSE资源，提供全过程的系统和网络服务和支持，并从中起到调节和杠杆作用。它是一个调配中心，聚集了全球范围内杜邦公司所有安全部门和工厂的安全方面的人员，形成一个网络，为全球范围的工厂提供技术支持。某个地方遇到问题，可以网络求救，网络把这个问题传递到全球，通常有人可以解决。HSE中心人员有限，且知识也是有限的，假如问题还得不到解决，网络会把问题传递到大学、研究部门请求支持，最终得到解决，这就是调配作用。

（3）技术安全管理，主要是了解世界各地方、各方面的法律法规，制定内部的安全标准和要求，并且为地区业务部门的协作提供支持。因为企业分布在世界各个地方，有不同法律法规，一旦当地安全人员不能解决，它可以帮助解决。

（4）提高公司在HSE方面的表现水平，提升员工对安全价值的认知，研究和制定各种安全培训计划，对高级管理层、地方管理层、技术人员的有效安全培训提供指导。

（5）开发和维护HSE监控系统和指标，其中包括领导和组织第二方安全审计，监督和评估各区域和地方业务部门的安全表现业绩。总裁、副总裁、业务领导如何了解下级的安全表现，不是单靠下级的报表和材料，还要依靠安全部门的审计，按照统一的安全指标对世界范围内所有工厂进行评估，按照报告对下级安全表现进行评价，以便升迁和提拔。

二、各地区、各工厂安全人员的职责

专职安全人员相当于安全顾问，安全人员站在更高的层面，帮助厂长理解地方安全法律法规，理解上级安全要求，并结合厂里的具体情况，提出安全规划、设想、方案。安全人员同时又是一个安全咨询员，对厂里安全技术提供支持，其他员工需要安全部门的人员给予帮助。安全人员还是协调员，协调HSE各方面事务。安全人员还是解释员，解释各项法律法规。这个安全人员可能是一个人，但要起到以上四个作用。这是对公司强有力的支持，是公司业务上对安全技术的要求，也是安全部门的责任。

各地区、各工厂安全人员的主要职责如下。

（1）帮助厂长、经理理解地方安全法律法规，理解上级安全要求。因为杜邦的企业分布在世界各地，各地的安全法律法规不尽相同，工厂的安全人员很有必要帮助厂长理解该地方的安全法律法规，以便更好地执行。另外企业的安全人员也有责任和义务帮助厂长更好地理解上级的安全要求，把上级的安全要求和地方的安全法规有机地结合起来，这样才能既符合杜邦的安全要求，又符合地方的安全法规。

（2）结合工厂的具体实际，提出安全规划、设想和方案。因为每个工厂都有自己的特点，在安全管理上侧重点不同，企业的安全人员有责任提出自己工厂的安全生产规划、安全建设设想和工作方案，这是企业安全人员的本职工作，也是当好企业领导参谋和助手的具体体现。

（3）提供安全技术方面的帮助和咨询。企业的安全工作涉及诸多安全技术问题，这使企业的安全人员有了用武之地，他们平时掌握工艺和设备的安全特性，对工艺和设备的安全要求和适应性了如指掌，能够对生产提供安全技术方面的帮助和咨询。

（4）协调HSE各方面的事务。企业的安全、健康和环境问题是当今世界各国共同关注的问题，而安全、健康、环境问题涉及好多事务性工作。这时企业的安全人员正好可以协调各方面的事务，因为他们是专职的安全人员，掌握日常安全、健康、环境工作的实际运行情况。

三、各个生产部门的职责

各级生产管理层对安全负责，要直接参与安全管理，把安全管理作为平时业务工作的一部分，在考虑生产发展、企业发展、生产产品、质量要求时，安全工作就是其中一个重要部分，把质量、成本与安全同时考虑，安全就是日常管理的一个重要部分。有的人说质量第一，又说安全第一，到底哪个是第一，一直不清楚。杜邦把安全工作和生产规划、产品的质量、效益结合起来，安全就是工作的一个重要部分，为了做到这点，他们把安全作为一门生意考虑。他们会把安全与其他工作放到同等重要的位置考虑。要做到这点，就要直接参与管理。杜邦认为，每个管理者要对员工负责。如车间主任要对员工负责，这个责任不光是对管辖的员工负责，而是要对管辖范围负责，其他部门的人到这个范围来工作，客人到这里来访问，上级部门来检查，都要对他们的安全负责。只要是负责范围内，安全就是其责任，这也是对上级部门负责。只有车间主任对车间负责，厂长才能对全厂负责。只有员工对组长负责、组长对车间主任负责、车间主任对厂长负责、厂长对地区经理负责、地区经理对公司总裁负责，才能真正叫作安全有人负责。

杜邦认为安全是在基层的，确实需要领导重视，全员参与。要做到这点，每位经理都要制定长期安全工作目标，知道自己这个部门有什么样的安全问题，有什么样的安全隐患，什么样的问题要什么时候解决。如果不知道这些问题，就不可能去重视安全，不可能去抓安全。一旦知道问题了，制定了目标，在实现目标的过程中，就会有具体计划，还要有一个开发和实施计划。标准有了，要对照标准监督结果。要自我检查、自我监督，看看三个月后计划实施了多少，六个月后还差距多少，如果没有落实，要弄清楚为什么没有落实。要做到这点，就要采取许多具体的措施，并在各层级建立相应的安全管理组织，具体见图2-1。

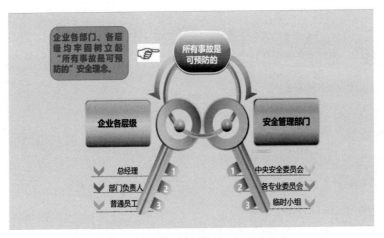

图2-1　杜邦企业各层级安全管理组织

第四节 直线组织的结构和安全职责

一、直线管理结构

直线管理结构中，除了直线人员外，还需要职能部门人员提供服务。直线人员直接参与组织目标的实现；而职能部门人员则是间接参与，他们为组织目标的实现提供服务。对于生产型企业，它的主要目标有两个：生产和销售。作为实现组织目标的直接参与者，生产与市场人员构成了直线人员。区分组织中谁是直线人员和职能部门人员的一个方法就是根据组织的目标，看谁直接做出贡献，谁间接做出贡献。在一个组织中，人事、工程、研究与开发、法规、财务及公共关系部门往往被认为是职能部门。职能部门拟订的计划、方案以及有关指令，由直线主管批准下达；职能部门只起业务指导作用，无权直接下达命令。因此，职能部门人员的服务本质上是建议性的，他们不能对直线人员行使职权。例如人事部经理只能向生产部门建议聘用新员工，他没有职权命令生产经理接受他的建议。在组织最高层，职能部门人员参与决策制定。在组织中还有服务性质的人员，包括办公室人员、速记员、维修人员以及其他类似人员。

二、直线—职能型组织结构

1. 直线—职能型组织结构的优点

这种结构快速、灵活、成本低且责任清晰。直线—职能型组织结构比直线型组织结构更具有优越性。直线-职能型组织结构既保持了直线型结构集中统一指挥的优点，又吸收了职能型结构分工细密、注重专业化管理的长处，从而有助于提高管理工作的效率。

2. 直线—职能型组织结构的缺点

直线—职能型组织结构的内在缺点具体如下：

① 属于典型的"集权式"结构，权力集中于最高管理层，下级缺乏必要的自主权；

② 各职能部门之间的横向联系较差，容易产生脱节和矛盾；

③ 直线—职能型组织结构建立在高度的"职权分裂"基础上，如果各职能部门与直线部门之间目标不统一，则容易产生矛盾。特别是对于需要多部门合作的事项，往往难以确定责任的归属。

④ 信息传递路线较长，反馈较慢，难以适应环境的迅速变化。

直线—职能型组织结构所存在的问题是经常产生权力纠纷，从而导致直线人员和职能部门人员的矛盾。为了避免这两类人员的矛盾，管理层应明确他们各自的作用，鼓励直线人员合理运用职能部门人员所提供的服务。

三、杜邦安全管理直线职能结构

杜邦安全管理直线职能组织的管理者承担安全管理的职责。杜邦公司要求从一把手到现场的基层管理者，每一位直线领导都要对其自身的安全及所属员工的安全负责。

杜邦安全管理直线职能结构一般常设诸多分支委会。如：①过程分委会；②事故调查分委会；③安全规则与程序分委会；④承包商管理分委会；⑤安全活动分委会；⑥应急响应分委会；⑦厂外（下班后）安全分委会；⑧驾驶安全分委会。

每个分委会都在各自的职责范围内，担负安全管理任务。根据各分委会的专业特点，下设一些专业小组，如PHA（过程安全分析）小组、PSSR（启动前安全检查）小组、OP（操作程序及安全规则）小组、MIQA（机械完整性和质量保证）小组、MOC（变更管理）小组等。这些小组更加专业化，更加结合实际，更具操作性，具有更丰富的安全管理经验。

（1）杜邦安全管理直线职能结构的职责如下。

① 为自己的部门或区域的安全成果负责。

② 进行安全信息沟通、安全培训，以提高员工的安全意识、增加安全知识。

③ 每日做好现场安全观察，并做到以身作则。

④ 经常与员工分享安全经验，经常听取员工的意见。

⑤ 执行安全程序与规章，并确保该程序、规章与公司的安全政策一致。

⑥ 执行公司的决定，并达到要求的标准。

（2）杜邦安全管理直线职能结构各分委会的功能、职责如下。

① 遵照HSE委员会的目标及要求，发挥分委会职能，以达到公司要求的安全标准。

② 在分委会职能范围内，主动研拟办法、规则、程序及建议，并提交。
③ 分委会监督其组织的工作项目、活动在各部门内的落实、执行情况。
④ 在公司各单位组织中扮演协助、咨询的角色。

四、杜邦安全管理直线职能结构的管理作用

1. 落实安全责任

① 在直线组织管理中，各级负责人对HSE管理全面负责，每个员工对自己岗位生产作业区域的HSE负责，做到一级对一级负责。

② 职能管理部门，整合并依据HSE管理体系的要求，结合业务要素梳理相关的HSE管理职责和责任。

③ 属地管理，使现场的所有设备、设施、工作环境和属地区域人的安全行为，都有属地管理人，使岗位员工人人都参与管理，落实属地责任，编制安全目标责任书和制订安全工作行动计划。

2. 达到安全目标

① 领导必须有对安全目标的承诺；
② 必须有强有力的领导，必须建立自上而下的安全文化；
③ 必须让员工有高度的组织纪律性；
④ 必须进行适度的安全工作激励；
⑤ 在安全工作中，不能妥协。
⑥ 必须建立完整的安全工作体系。

3. 管理部门的安全责任

① 负责公司职能部门的安全业绩，并承担"后果问责制"的责任；
② 组织制订并实施HSE推进计划，推进有感领导、直线职责、落实属地管理；
③ 督促签订HSE责任书，并考核指标完成情况；
④ 组织开展体系审核、专项审核和管理评审工作；
⑤ 组织并落实公司安全工作，安排并部署工作要求；
⑥ 每年制订个人安全工作行动计划，并按计划开展工作；
⑦ 组织HSE培训工作，进行HSE理念和知识授课，开展"安全经验分享"活动；
⑧ 组织开展风险识别、风险消减和风险控制活动，梳理完善安全工作规章制度、工作流程和操作规程。

第五节 挑战性的安全目标和指标

一、杜邦的安全目标和计划

"安全是一项具有战略意义的商业价值,它是企业取得卓越业务表现的催化剂,不仅能提高企业生产率、收益率,而且有益于建立长久的品牌效应。"这是享有"全球最安全公司之一"美誉的杜邦正在全力推广的一个理念。

杜邦坚信所有的伤害、职业疾病、事故都是可以预防的。要实现"零事故"目标就必须从改变理念开始。只有改变了安全理念,才能真正做到预防为主,才能真正做到防止一切事故的发生。

有着200多年历史的杜邦公司一直保持着骄人的安全记录:安全事故率是工业平均值的1/10,杜邦员工在工作场所比在家里安全10倍。超过60%的工厂实现了"0"伤害率,杜邦每年因此减少了数百万美元的支出。成绩的背后是杜邦200多年来形成的安全文化、理念和管理体系。

杜邦提出"零事故、零伤害"的安全目标。杜邦认为,只要下定决心,一定有办法能防止事故的发生。为此,杜邦公司采取了一系列防止事故的措施:通过隐患排查创造安全的工作环境;充分发挥管理层的表率作用;制定安全运作的纪律规范;为管理者提供判断安全状况的依据;依靠安全科技提高安全管理水平;更新安全防护设备设施等。

杜邦努力成为世界上最具活力的科学公司,致力于创造可持续解决方案,让全球各地的人们生活得更美好、更安全、更健康。

据2004年统计,杜邦属下的370个工厂和部门中,80%没有发生过工伤病假及以上的安全事故,至少50%的工厂没有出现过工业伤害记录,有20%的工厂超过10年没有发生过安全伤害记录。

这些成就的取得,依靠明确的安全工作目标和周密的安全工作计划。它启示我们:在进行企业安全管理工作时,一定要有明确的安全工作目标,没有目标,工作起来轻重不分;一定要有周密的安全工作计划,没有计划,工作起来一团乱麻。

二、杜邦的安全指标

杜邦安全指标分为：先导性指标、过程性指标和结果性指标。公司在制定安全指标时，以控制类的结果性指标为主，同时加大HSE指标的权重。制定HSE目标和指标的管理制度，规定组织和个人的HSE重要工作任务，对个人的考核以过程性指标为主，对组织的控制以结果性指标为主。

杜邦制定的安全目标与指标满足下列条件。

- 量化的指标与目标；
- 阶梯式、挑战性指标与目标；
- 指标与目标一致。

公司明确划分直线主管与HSE专职人员的职责，将直线主管HSE职责与岗位职责融为一体。并明确规定直线主管是为下属设定安全业绩目标的直接主体。安全绩效考核由直线主管逐级进行，并增加HSE正面激励加分项目，以此调动员工的安全生产积极性。

杜邦制定安全目标与指标的基本要求如下。

① 以控制类的结果性指标为主，同时，加大HSE指标的权重。

② 制定HSE目标和指标管理制度，规定组织和个人的HSE重要工作任务，对个人的考核以过程性指标为主，对组织的控制以结果性指标为主。

③ 明确划分直线主管与HSE专职人员的HSE职责，将直线主管HSE职责与岗位职责融为一体。

④ 明确规定直线主管是为下属设定业绩目标和指标的直接主体。绩效考核由直线主管逐级考核。

⑤ 增加HSE正面激励加分项目。

三、制订个人行动计划的SMART原则

1. 概念

SMART是英文specific（明确性）、measurable（衡量性）、attainable（可实现性）、relevant（相关性）、time-based（时限性）的缩写，是领导在制订工作计划时必须贯彻的五个原则。

（1）S（specific）：目标要清晰、明确，让考核者与被考核者能够准确地理解目标。

（2）M（measurable）：目标要量化，考核时可以采用相同的标准准确衡量。

（3）A（attainable）：目标要通过努力可以实现，也就是目标不能过低和过高，过低无意义，过高实现不了。

（4）R（relevant）：目标要和工作有相关性，不是被考核人的工作，别设定相关目标。

（5）T（time-based）：目标要有时限性，要在规定的时间内完成，时间一到，就要看结果。

2.原则的具体含义

（1）S（specific）明确性。所谓明确就是要用具体的语言清楚地说明要达到的行为标准。有明确的目标几乎是所有成功团队的一致特点。很多团队不成功的重要原因之一是目标模棱两可，或没有将目标有效地传达给相关成员。

目标设置要有项目、衡量标准、达成措施、完成期限以及资源要求，使考核人能够很清晰地看到每个部门或者每个下属月度计划要做哪些事情，计划要完成到什么样的程度。

（2）M（measurable）衡量性。衡量性就是指目标应该是明确的，而不是模糊的。应该有一组明确的数据，作为衡量是否达成目标的依据。

如果制定的目标没有办法衡量，就无法判断这个目标是否实现。比如有一天领导问："这个目标离实现大概有多远？"团队成员的回答是："我们早实现了。"这就是领导和下属对团队目标所产生的一种分歧。原因就在于没有一个定量的、可以衡量的分析数据。但并不是所有的目标都可以衡量，有时也会有例外，比如说大方向性质的目标就难以衡量。

实施要求：目标的衡量标准遵循"能量化的量化，不能量化的质化"，使制定人与考核人有一个统一的、标准的、清晰的、可度量的标尺，杜绝在目标设置中使用形容词等概念模糊、无法衡量的描述。

（3）A（attainable）可实现性。目标要能够被执行人接受，如果上司利用一些行政手段，利用权力性的影响力一厢情愿地把自己所制定的目标强压给下属，下属典型的反应是一种心理和行为上的抗拒：我可以接受，但是否完成这个目标，有没有最终的把握，这个可不好说。一旦有一天这个目标真完成不了，下属有一百个理由可以推卸责任：你看我早就说了，这个目标肯定完成不了，但你坚持要我达成。

"控制式"的领导喜欢自己定目标，然后交给下属去完成，他们不在乎下属的意见，这种做法越来越不被认可。当下员工的知识层次、学历、自己本身的素质，以及他们主张的个性张扬的程度都远远超出从前。因此，领导者应该更多地让下属来参与目标制定的过程，即便是团队整体的目标。

（4）R（relevant）相关性。安全工作的相关性涉及安全生产中诸多因素之间的关联性。搞好安全生产，增强相关性是前提和关键。

第一从抓"真实"中来。所谓"真实"，就是安全生产真实的情况。从某种意义上说，真实的程度决定安全生产工作的力度。每个企业都有自己的具体情况，存在的现实问题也不尽相同，各部门在研究解决安全生产问题时要在摸清实际情况上下功夫。把握安全生产的真实情况，一方面要防止"合理想象"，虚设靶子。另一方面，要区分是总体的真实还是个案的真实。如果把个案误认为整体，用个别代替一般，结果势必是"一人得病，大家吃药"，一发生事故，全部停产整顿，针对性就荡然无存。

第二从抓"倾向"中来。倾向性问题虽发生在局部，但它反映了事物发展变化的某些趋势，如不及时研究解决，随时可能影响到全局。研究解决重大倾向性问题，确保生产安全，是各级各部门各单位的责任。

第三从抓"重点"中来。抓重点、带全面，做到重点论与两点论相统一。重点论，是指在研究事物发展过程时，要着重研究其主要矛盾和矛盾的主要方面；两点论，是指在研究事物发展过程时，既要研究主要矛盾，又要研究次要矛盾。安全生产工作坚持两点论与重点论相统一，就是既要区分层次突出重点，又要统筹兼顾全面推进。

第四从抓"苗头"中来。抓苗头防事故，一些事故的发生，大都是一些小问题、小环节积累到一定程度的结果。要求企业要善于抓住苗头，有小中见大、见微知著的眼光，防微杜渐，把事故消灭在萌芽状态。

以上四点是有相关性的。真实和倾向与重点以及苗头是呈相关性的，也是企业安全工作的基础和要点。

（5）T（time-based）时限性。时限性就是指目标是有时间限制的。例如，我将在2021年5月31日之前完成某事，2021年5月31日就是一个确定的时间限制。没有时间限制的目标没有办法考核，或会带来考核的不公。上下级之间对目标轻重缓急的认识程度不同，有可能上司着急，但下属不知道。到头来上司可能暴跳如雷，而下属觉得委屈。这种没有明确的时间限定的方式也会带来考核的不公正，伤害工作关系，伤害下属的工作热情。

实施要求：目标设置要具有时间限制，根据工作任务的权重、事情的轻重缓急，拟定出完成目标项目的时间要求，定期检查项目的完成进度，及时掌握项目进展的变化情况，以便对下属进行及时的工作指导，以及根据工作计划的异常情况和变化及时地调整工作计划。

总之，无论是制定团队的工作目标，还是员工的绩效目标，都必须符合上述原则，五个原则缺一不可。制定的过程也是对部门或科室前期的工作掌控能力的提升过程，完成计划的过程也就是对自己安全管理能力历练和实践的过程。

3. 领导个人安全工作行动计划

领导个人安全工作行动计划要有一定的规范要求。如：①必须结合岗位职责，突出个性化。②内容要广泛，不能只制定一项内容，要结合企业的安全工作实际，如承包商安全、过程安全、设备安全、交通安全、办公室安全、工作外安全等。③要先经过培训后，再详细地制订个人安全工作行动计划。④定期对个人安全工作行动计划进行检查，并填写反馈单。具体的领导个人安全工作行动计划如表2-1所示。

表2-1 领导个人安全工作行动计划

部门：　　　　　岗位：　　　　　姓名：

序号	行动	预期价值和目的	频率	备注
1	对生产现场和办公区域进行安全观察和沟通	加强和员工的沟通，传递对安全的重视和信心、决心，扩大有感领导的效果，确保安全核心价值深入基层	1次/月	
2	利用各种场合进行安全经验分享	利用各种会议、各种培训、各种活动做口头或者书面的安全经验分享	1次/月	
3	按时主持或参加HSE委员会及所在分委会的会议	按时主持本单位、本部门HSE委员会或分委会会议，体现有感领导	1次/季度	
4	定期研究解决分管业务安全问题	清楚本单位的安全现状，持续修正方向。对重大安全问题、重大安全隐患要了然于胸，并研究解决方案	1次/季度	
5	亲自对班子成员或全体员工进行安全培训	做出表率，实践安全，体现有感领导	1次/半年	
6	亲自对事故事件组织调查	寻找根本原因，吸取经验教训，杜绝类似事件的发生	—	根据事故事件安排
7	亲自考核自己分管业务各主要单位领导和属地主管HSE过程、结果指标，并与业绩挂钩	奖罚分明，促进安全文化建设	1次/半年	
8	定期与下属或员工就安全问题进行有效沟通	与下属或员工沟通，讨论安全问题解决办法，安全文化建设等相关问题	1次/年	
9	大力推进承包商安全文化建设，对公司主要经营者进行安全文化理念的宣传指导	促进承包商的安全文化建设	1次/半年	适时安排
10	对安全生产关键岗位人员进行安全培训	如对主管、车间主任、班组长等关键岗位人员进行安全培训	1次/半年	适时安排

第六节 专职安全人员的支持

一、专职安全人员是领导者的顾问与助手

杜邦公司对企业专职安全人员的作用是这样描述的：一定数量的专职安全人员是安全表现的重要贡献者，对于一个风险较大的组织是不可缺少的。专职安全人员应该是各作业区技术和安全技能最高超、经验和知识最丰富的人员（在杜邦公司，最优秀的人去做安全工作）；专职安全人员的责任是提供各种安全咨询，协调安全作业的实施，指导安全措施的落实和监督，他们是本级生产指挥者的得力顾问和助手，而不是安全工作的指挥者和管理者。

杜邦公司认为安全生产管理专业性强。安全人员必须具备一定的安全生产知识和管理能力。安全人员在日常的安全观察、安全检查中，要能够及时发现安全隐患并督促整改落实，必须对工作场所的安全工作做到心中有数，熟知危险因素的分布和隐患的附着点，以便加强事故隐患排查治理。

杜邦公司认为安全人员需要有较好的语言沟通能力和工作协调能力。安全人员在现场安全观察沟通中发现安全隐患必须及时制止或加以纠正，以避免生产安全事故和职业病的发生。平时不仅要注意工作的方式方法，避免产生语言冲突或引发其他员工的抵触情绪，而且在发生设备故障后必须能很好地协调有关人员检修维护。

杜邦公司认为安全人员责任心要强，要把良好的安全当作创造良好业绩的基础。安全人员必须认真做好安全生产管理工作，加强作业现场的安全督查，督促岗位实施隐患自查自纠，必须很好地执行企业安全管理决策。对安全生产档案做到齐全规范、分类整理，使安全管理工作规范化、程序化、标准化。

杜邦公司认为企业必须提高安全人员的地位，使他们拥有与其所承担责任相匹配的权力，避免发生有令不行、有禁不止的现象。杜邦规定企业内部安全管理部门或安全人员担负着企业安全管理工作，发现安全隐患采取整改措施是分内工作，如果得不到其他部门或人员的积极配合，将会使安全隐患无法及时消除，最终影响企业的安全生产。

二、专职安全人员是员工的良师益友

安全管理模式的转变对企业专职安全人员提出了更高的要求，安全是一门科学，是一门技术与管理综合性很强的学科，没有经过专门的教育和培训以及长时间的实际工作锻炼，是不可能掌握的。所以专职安全人员必须是技术和技能最高超、经验和知识最丰富的人员，否则就根本不可能对生产过程的安全提出切实有效的建议和意见。

专职安全人员还应是员工安全方面的好教师、好朋友，其安全理念和安全知识要能够得到有效的传播，能够更容易地被员工接受，从而提高企业整体的安全素质（从这方面讲，专职安全人员更像一个"教育工作者"、一个"思想政治工作者"）。专职安全人员除了必需的专业知识外，还必须具有丰富的管理能力和技巧，能有效动员各方面力量，协调安全作业的实施，指导安全措施的落实和监督，从而成为本级生产指挥者的得力顾问和助手，为企业的安全、健康、快速发展尽职尽责。

三、专职安全人员的培训教育

企业的专职安全人员是企业安全生产管理和技术实现的具体实施者，是企业安全生产的"正规军"，也是企业实现安全生产的主要决定性因素。具有一定的学历，掌握安全的专业知识与科学技术，有生产的经验，懂得生产的技术，是一个专职安全人员的基本素质。要建设好专职安全人员队伍，需要企业领导的重视和支持，也需要安全人员本身的努力。

1.企业专职安全人员的安全知识体系

（1）安全科学（即安全学）。这是安全学科的基础科学，包括安全设备学、安全管理学、安全系统学、安全人机学、安全法学。

（2）安全工程学。这是技术科学，包括安全设备工程学、卫生设备工程学、安全管理工程学、安全信息论、安全运筹学、安全控制论、安全人机工程学、安全生理学、安全心理学。

（3）专业安全知识。各行业不同，具体的专业要求也不一样。总体来讲，大概包括：危化品安全，机电安全，防火、防爆等。

（4）计算机方面的知识。随着社会的发展，计算机在生产、管理方面的应用越来越普及，在安全管理方面也逐步得到利用，所以安全管理人员要掌握一

定的计算机使用常识。

2.杜邦要求的专业知识和技能

杜邦要求专职安全人员应具备两个方面的专业知识和技能，即"硬技能"，包括安全管理的理念、知识、经验和技能；"软技能"，包括咨询相关的专业知识与技能。具体如图2-2所示。

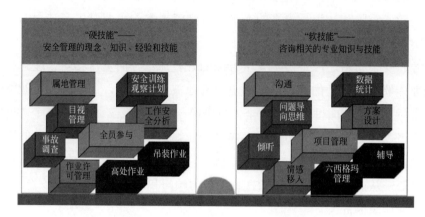

图2-2 专职安全人员应具备的两个方面的专业知识和技能

（1）硬技能。

① 属地管理。属地即工作管辖范围，可以是工作区域、管理的实物资产和具体工作任务（项目），也可以是权限和责任范围。属地管理有明确的范围界限，有具体的管理对象（人、事、物等），有清晰的标准和要求。属地管理即对属地内的管理对象按标准和要求进行组织、协调、领导和控制，属地主管即属地的直接管理者。属地管理就是要让员工产生"当家作主"的归属感，使员工对其属地享有管理权。属地主管要对自身和进入其管辖区域的各类人员（包括施工人员、参观人员、服务人员等）实施管理。

② 安全训练观察计划。杜邦STOP（安全训练观察计划）具有约三十年的经验，它为实现工作场所安全提供了有效途径。通过有效实施和使用STOP，企业可以将安全行为和安全状况转化为企业文化的有机组成部分。通过引导员工积极主动参与安全行动，讨论安全问题，来有效树立安全文化，帮助组织预防人身伤害事故。全球有数千家公司和政府组织利用此方法保障员工的人身安全，尤其在石油化工等密切关注员工安全的领域，STOP被世界大部分石油和钻井公司采用，在实践中取得了良好的效果，切实解决了企业生产中的安全问题，为

企业降低了成本，提高了效益。

③ 目视管理。目视管理是利用形象直观而又色彩适宜的各种视觉感知信息来组织现场生产活动，达到提高劳动生产率的一种管理手段，也是一种利用视觉来进行管理的科学方法。以视觉信息显示作为一个基本手段，通过信息的显现化、公开化、透明化让所有人都能看得见，明白无误地理解它的意图，以此来确保做到位。经常用到的一些目视管理的形式包括横幅、实物的展示，颜色的运用，文字的描述，线条的运用，做现场"6S"也经常用到照片、牌匾、文档、看板。

④ 工作安全分析。工作安全分析（JSA）是指事先或定期对某项工作进行安全分析，识别危害因素，评价风险，并根据评价结果制定和实施相应的控制措施，达到最大限度消除或控制风险的方法。在开展以下工作前应进行JSA：制订或修订作业指导书、操作程序、操作规程等标准操作文件前；新的作业（如果是低风险活动，并由有胜任能力的人员完成，可不作JSA，但应对工作环境进行分析）；非常规、临时性作业；方法、物料、设备、工具、作业环境等因素发生变化的作业；需评估的现有作业。

⑤ 事故调查。杜邦规定：发生事故后，有人员受伤的应首先处理伤患。表外伤由内部急救员处理，如伤势严重即刻送外就医，以确保伤者的安全。相关负责人应迅速到达事发地点，调查分析事故发生的起因。访问当事员工，要求员工解释在事故发生时他/她正在做什么；检查是否给予员工适当的上岗培训；如果事故涉及机器，检查员工是否被培训过并被认可来操作那台机器，同时附上一份培训或考察记录。访问事故的任何目击者，在调查受伤严重的事故时，目击者可能是唯一可以解释发生了什么的人。如果是轻微受伤的事故，受伤员工也许能够澄清一些情景或帮助证明一些事实，如工作方法，使用的工具。检查事故的现场，检查事故发生的地点和涉及的机器或工具，检查是否含有不安全条件。检查相关的书面工作程序：工作程序是否指明与工作有关的安全隐患；是否有正确的安全程序指示；是否要求使用个人防护用品。填写调查报告：必须提出建议并采取改正措施以预防事故再次发生。传达调查结果：事故调查完毕，要把重要的细节告诉事故所在地的所有员工以及从事类似操作或与此操作有接触的员工。

⑥ 全员参与。组织在应用全员参与原则时需要使员工了解他们的重要性和在组织中的作用；教育员工要识别影响他们工作的制约条件；在本职工作

中，应让员工有一定的自主权，并承担解决问题的责任；应将组织的总目标分解到职能部门，让员工看到更贴近自己的目标，激励员工为实现目标而努力，使员工充分发挥创造力；建立员工参与管理的鼓励机制，并充分评价员工的业绩；启发员工积极寻找机会来提高自己的能力，丰富自己的知识和经验；在组织内部，应提倡自由地分享知识和经验，使先进的知识和经验成为共同的财富。

⑦ 作业许可管理。

a.作业许可管理要求。企业实施作业许可管理范围：动火作业、受限空间作业、盲板抽堵作业、高处作业、吊装作业、动土作业、断路作业等。

项目负责人的基本要求：向有关人员进行交底，交底的内容有作业内容、安全注意事项、作业人员劳动保护装备、紧急情况的处理、应急逃生路线和救护方法等，并根据实际情况，开具相应的作业票证。

作业负责人的基本要求：熟悉作业内容、作业危害、安全措施要求，参与作业现场环境条件、安全措施的检查确认。取得有效的作业许可证。确保作业人员、本方监护人具有相应的作业资格。确保作业工器具符合安全标准、规范，为作业人员配备充分、适用的安全防护、救生用品。对作业的全过程实施现场监督。

b.作业人员的基本要求。熟悉作业内容、地点（位号）、时间、要求，熟知作业中的危害因素、安全措施要求、逃生路线与监护人的沟通方式等。

电焊工、架子工、起重工、电工、射线探伤人员等应具备作业要求的相应能力，取得政府部门颁发的作业资格证书。

要配备由项目现场主管根据风险辨识结果确定的劳动保护用品。

严格执行作业规程和有关安全规定，服从指挥，接受监护人的监督，但有权拒绝违章指挥，在安全措施不落实、监护人脱离监护岗位或不履行监护职责的情况下，有权拒绝作业。

每次作业时间不宜过长，应视季节、作业环境及人员身体状况等条件安排轮换作业或休息。

c.监护人的基本要求。经过培训、考试，具有监护资格，掌握作业安全管理要求。

检查作业人员个人防护用品穿戴，不符合劳保着装要求的施工人员不得进入现场。

检查施工工器具，不符合安全规范的工器具不得进入现场施工。

监护过程中，不得离岗，并注意观察作业现场的异常现象，随时提醒作业人员任何危险情况，如果发现紧急情况，应及时制止作业，通知作业人员离开作业现场。如果需要外部救援，监护人应立即呼救或报警。

⑧高处作业。

a.高处作业面积较大、作业人数较多或技术难度较大时，应编制安全施工组织设计（方案）。

b.高处作业的安全技术措施及所需的材料、设备、机具，应列入工程的施工组织设计（方案），并落实实施。

c.作业负责人应对工程中高处作业的安全技术负责并与作业班组建立相应的责任制，并落实实施。利用土建工程的架子进行作业时，必须与土建人员搞好协作关系。

d.逐级进行安全技术教育及交底，落实所有安全技术措施和人身的各种防护用品，未经落实不得进行作业。

e.高处作业的安全标志、工具、仪表、电气设备及其他装置设施，必须在作业前进行检查或验证，确认其完好后才能投入使用。

f.攀登或高处悬空作业人员以及在高处作业搭设安全设施的作业人员，必须经过专业技术培训及专业考试合格并取得资格证书才能进行该项目的作业，同时，该人员必须持有定期体检合格的证书。

g.作业中，发现高处作业的安全技术设施有缺陷和隐患时，必须及时解决；必要时应停止作业，修复后才能继续作业。

h.作业现场有可能坠落的物体，应事先清扫或加以固定；所用的材料、工具均应放置平稳固定，不得妨碍通行和作业；小型工具应随手放入工具袋；作业时的通道应随时清理干净；拆卸下的元件、设备及余料、废料应及时运走，不得随意放置或丢弃；传递工具或元件材料时禁止抛掷。

i.雨天和雪天一般应停止高处作业，如必须进行时，一定要采取可靠的防滑、防淋措施，以免滑倒或使元件、材料、设备的绝缘性降低。同时，水、冰、雪、霜于过道上时应及时清除。

⑨吊装作业。

a.起重作业前。对从事指挥和操作的人员进行专人指定。

对起重吊具进行安全检查，确保处于完好状态（如：吊钩保险扣是否有效、钢丝绳是否有断丝断股现象、U型环是否有滑丝脱扣现象）。

对安全措施落实情况及吊装环境进行确认。

对吊装区域内的安全状况进行检查（包括吊装区域的划定、标识、障碍、警戒区等）。

正确佩戴个人防护用品；预测可能出现的事故，采取有效的预防措施，明确安全逃生通道。

b.起重作业过程中。起重作业时必须明确指挥人员，指挥人员应佩戴明显的标志。

起重指挥人员必须按规定的指挥信号进行指挥，其他作业人员应清楚吊装安全操作规程和指挥信号。

起重指挥人员应严格执行吊装安全操作规程。

正式起吊前应进行试吊，试吊中检查全部机具受力情况，发现问题应先将工件放回地面，故障排除后重新试吊，确认一切正常，方可正式吊装。

吊装过程中，出现故障，应立即向指挥者报告，没有指令，任何人不得擅自离开岗位。

起吊重物就位前，不许解开吊装索具；任何人不准随同吊装设备或吊装机具升降。

严禁在风速5级以上时进行吊装作业。

不得在雨、雾天吊装；在吊装过程中，如因故中断，必须采取安全措施，不得使设备或构件悬空过夜。

起吊物件落下的位置，必须用方木或其他材料进行支垫，确保物件落下后顺利抽取钢丝绳。

c.起重作业完毕。将吊索、吊具收回，放置于规定的地方，并对其进行检查、维护。

（2）软技能。

① 沟通。人类能够进化得比其他的物种都迅速有很多的原因，但是其中有一个非常重要的原因，是人类掌握了复杂的语言沟通的技巧。这使得人类在遇到陌生个体的情况下，也能够快速地通过语言进行信息交流和合作，这使人类文明向前迈出了一大步，而问话和获得回答的技巧则是沟通中非常重要的部分。

员工在安全工作中沟通得好，就能增进感情和信任。沟通可以化解矛盾，解除误会，所以人与人的沟通是很重要的，在安全工作中也是如此。

② 数据统计。杜邦在安全管理中通过数据统计，发现在导致事故发生的因素中，人的不安全行为占96%，为主要因素，这是人为的，也是可以避免的；

物的不安全状态占4%，为次要原因，这间接也是人为的，是可以避免的。杜邦通过海因里希法则统计表明：死亡事故、受伤员工、伤害事故、危险事件、不安全行为的比例是1∶29∶300∶3000∶30000。这就是事故金字塔理论，它揭示了一个十分重要的事故预防原则：要想预防死亡事故，必须预防受伤损工事故；要想预防受伤损工事故，必须预防伤害事件；要想预防伤害事件，必须预防危险事件；要想预防危险事件，必须消除人的不安全行为和物的不安全状态。杜邦经过统计得出事故经济理论，认为事故的经济损失只是冰山上露出水面上的一角，大部分经济损失来自物的不安全状态和人的不安全行为。因此，统计某一起事故的经济损失时，只注重直接经济损失，那只是一小部分，往往忽视了那些还未发生的或难以衡量的潜在的间接经济损失，而那却是大部分。所以杜邦认为在安全管理中数据统计是很重要的。

③ 问题导向思维。在企业安全工作中，及时发现问题，是一种重要的思维方式。如果安全管理者整天忙碌于工作，很少停下来思考现阶段有没有什么问题，那么很有可能在未来的某个时间会发生大问题，直接对工作造成重大影响。比方说，我们经常忙碌到没时间去学习、读书，突然有一天发现自己的能力跟不上了，与其他同事相比，差了很远，很多新技术竟然不知道，这是非常可怕的事情，对我们的影响可能就是降薪或被辞退。倘若我们能够以问题为导向，定期检视自己的工作和生活，及时发现问题，解决问题，那么工作中就会少很多突发事件。这就是问题导向思维。

④ 方案设计。方案设计是安全工作中的重要阶段，它是一个极富有创造性的阶段，同时也是十分复杂的，它涉及设计者的知识水平、经验、灵感和想象力等。安全方案设计包括设计要求分析、系统功能分析、原理方案设计几个过程。该阶段主要是从分析需求出发，确定实现安全功能和性能所需要的总体对象（技术系统），决定技术系统，并对技术系统进行初步的评价和优化。设计人员根据设计任务书的要求，运用自己掌握的安全知识和经验，选择合理的安全技术系统，构思满足设计要求的解决方案等。

⑤ 倾听。倾听不是简单地用耳朵来听，它也是一门艺术。倾听不仅仅是要用耳朵来听说话者的言辞，还需要一个人全身心地去感受对方在谈话过程中表达的言语信息和非言语信息。倾听要点如下。

a. 克服以自我为中心，不要总是谈论自己。

b. 克服自以为是，不要总想占主导地位。

c. 尊重对方，不要打断对话，要让对方把话说完。不能因深究那些不重要或不相关的细节而打断对方的谈话。

d.不要激动，不要匆忙下结论，不要急于评价对方的观点，不要急切地表达建议，不要因为与对方不同的见解而产生激烈的争执。

e.要仔细地听对方说些什么，不要把精力放在思考怎样反驳对方所说的某一个具体的小的观点上。

f.尽量不要边听边琢磨他下面将会说什么。

g.问自己是不是有偏见或成见，它们很容易影响你去听别人说。

h.不要使你的思维跳跃得比说话者还快，不要试图理解对方还没有说出来的意思。

i.注重一些细节。不要了解自己不应该知道的东西，不要做小动作，不要走神，不必介意别人讲话的特点。

⑥ 项目管理。所谓项目管理，就是项目的管理者，在有限的资源约束下，运用系统的观点、方法和理论，对项目涉及的全部工作进行有效管理。即从项目的投资决策开始到项目结束的全过程进行计划、组织、指挥、协调、控制和评价，以实现项目的目标。项目管理形式如下。

a.设置项目管理的专门机构，对项目进行专门管理。项目的规模庞大、工作复杂、时间紧迫；项目的不确定因素多，有很多新技术、新情况和新问题需要不断研究解决；而且，项目实施中涉及部门和单位较多，需要相互配合、协同攻关。因而，对此应单独设置专门机构，配备一定的专职人员，对项目进行专门管理。

b.设置项目专职管理人员，对项目进行专职管理。有些项目规模较小，工作不太复杂，时间也不太紧迫，项目的不确定因素不多，涉及的单位和部门也不多，但前景不确定，仍需要加强组织协调。对于这样的项目，可只委派专职人员进行协调管理，协助企业的有关领导对各有关部门和单位分管的任务进行联系、督促和检查，必要时，也可以为专职人员配备助手。

c.设置项目主管，对项目进行临时授权管理。有些项目的规模、复杂程度、涉及面和协调量介于上述两种情况之间，对于这样的项目，设置专门机构必要性不太大，设置项目专职人员又担心人员少，力量单薄难于胜任，或会给企业有关领导人增加不必要的管理量。这种情况下，可以由指定的主管部门来代替第一种形式的专门机构，可以由项目主管人员来代替第二种形式的专职协调人员，并临时授予相应权力，主管部门或主管人员在充分发挥原有职能作用或岗位职责的同时，全权负责项目的计划、组织与控制。

d.设置矩阵结构的组织形式，对项目进行综合管理。所谓"矩阵"，是借用数学中的矩阵概念把多个单元按横行纵列组合成矩形。矩阵结构就是由纵横两套管理系统组成的矩形组织结构。一套是纵向的部门职能系统，另一套是由项目组成的横向项目系统。将横向项目系统在运行中与纵向部门职能系统两者交叉重叠起来，就组成一个矩阵。

⑦情感移入。简而言之就是带着感情抓安全。杜邦认为安全管理者必须对安全工作抱有深厚的感情。只有对安全工作和企业员工有感情，才能把安全工作做好。因此，安全管理者将感情移入工作中一定会收到事半功倍的效果。

⑧辅导。安全管理者有辅导员工掌握安全知识，提高安全技能的责任。员工的安全教育培训是企业安全管理的重要组成部分。安全教育培训是企业员工培训中的一项重要内容。安全教育是预防事故的主要途径之一，它在各种预防措施中占有极为重要的地位。

杜邦公司把对职工的安全教育培训看作是"安全的保证"，认为"在一切隐患中，无知是最大的隐患"。因此，他们的员工都要求具有较高的文化科学知识水平和安全技术水平，并实行着相应的强制培训制度。

⑨六西格玛管理。六西格玛管理是一种能够严格、集中和高效地改善企业流程管理质量的实施原则和技术。它包含了众多管理前沿的先锋成果，以"零缺陷"的完美商业追求，带动质量成本的大幅度降低，最终实现财务成效的显著提升与企业竞争力的重大突破。六西格玛管理的基本原则如下。

a.真正关注顾客。顾客是指接受产品或服务的组织或个人，顾客分为外部顾客和内部顾客。外部顾客包括中间用户和最终用户，内部顾客包括企业内部员工、上下道工序等。六西格玛管理业绩测量的起点和终点都是"顾客的心声"，以顾客贯彻始终，从而真正关注顾客。那么顾客关注什么呢？顾客关注的是产品或服务的质量、成本、供应、售后、安全等问题。六西格玛管理首先要确定顾客的需求以及确定能满足这些需求的流程。没有满足顾客需求即构成"缺陷"。六西格玛管理正是在逐步降低"缺陷"的过程中提高顾客的满意度的。

b.以数据（事实）驱动管理。在六西格玛管理中，确定要解决的问题要靠收集数据，衡量目前的水平要靠数据，衡量实际做到的与期望做到的差距要靠数据，可以说用数据说话是六西格玛管理的显著特点。六西格玛管理要求测量影响顾客满意的所有因素，通过评估系统，跟踪结果和产出，并追溯生产、服务和业务流程的投入和其他可预测因素。六西格玛管理用数据作为基础，来支持或推动决策的形成，而非靠定性的、感觉的、经验的、情绪的、职位的等方法和模式来进行决策和驱动管理，因为这些东西不稳定、不可靠、不科学。

c.针对过程采取措施。任何生产或服务都有一个过程，过程就是把生产要素、要求、目标等输入因素，通过一系列的物理、化学、生物、社会的作用和反应，形成产品和服务输出的一个流程。把要素投入了，能否形成合格的、满足要求的产出，关键取决于生产过程本身。六西格玛管理强调要针对过程、而非针对结果采取措施。例如，加强检验就是对结果采取措施，接待不满顾客也是对结果采取措施，提高售后服务同样是对结果采取措施。其实这些不符合顾客要求的、不符合规定的，都是在生产过程中制造的，在随后的检验漏掉的，最后流到客户那里。六西格玛管理水平不是靠检验来实现的，它强调要对生产、服务过程中造成品质不稳定的因素采取控制措施，减少波动，防止缺陷的产生，从而从根本上解决问题。

d.主动（预防性）管理。主动管理意味着在事件发生之前，预测问题、数据、状况等的变化方向和趋势，提前采取前瞻性、预防性的控制、纠偏措施，来保证生产过程朝着预期的目标发展。六西格玛管理强调要进行预防性的积极管理，积极管理意味着设定并跟踪有挑战性的目标，建立清晰的优先顺序，对采取预防措施和事后解决问题的人都给予同等程度的奖赏，挑战传统的、静态的、被动的、消极的做事方法。

e.追求完美但容忍失败。六西格玛管理的实质就是在努力提供完美的、高水平服务的同时，降低企业的不良质量成本。要采取一些措施对企业生产、服务系统进行改进甚至进行全新设计，要建立六西格玛管理企业文化等。在这个追求卓越的过程中，不见得每一种方法、手段、措施都非常正确、得力和有效，有可能有些尝试是失败的。六西格玛管理强调要追求完美，但也要能坦然接受或处理偶发的挫败，从错误中总结经验教训，进行长期的、持续的改进。

f.无边界合作。无边界合作不被限制在企业实现六西格玛管理方面，致力于与组织的生产单位保持密切关系以确保更高的效率和更好的安全生产质量。关于现场安全管理，其目标是改进人与设备装置，关注操作人员的需要和为他们提供的安全服务的满意度。

在安全生产实践中，管理员工不只是技术问题，且需要目标战略和企业情况相结合，企业应关注员工的安全需要，客观、综合地考虑怎样更好地满足这些要求。

3.企业专职安全人员的安全教育培训目标

随着社会的不断发展、进步，企业对专职安全人员的要求越来越高。传统的那种单一功能的安全人员,即仅会照章检查,仅能指出不足之处的安全人员,已不能满足企业生产、经营、管理和发展的需要。企业强烈呼唤复合型的安全人员。通过对企业专职安全人员的安全教育培训,使他们除了具有安全方面的一系列知识外,还具备如下条件:一是有广博的知识,二是有敬业精神。

4.企业专职安全人员的安全教育培训方法

对企业专职安全人员的安全教育培训,一是通过学校的学历教育;二是对在职安全人员通过讲授法、研讨法、读书指导法等进行安全教育培训,使其不断获取新的安全知识。在此仅谈谈日常对在职安全人员的安全教育培训方法。要提高专职安全人员的素质,使其适应新阶段、新发展的安全管理的需求,就需要对安全人员有计划地进行培训。

(1)充实安全队伍,将年富力强的人员安排到安全队伍中。年轻人往往接受新事物、新知识比较快。

(2)抓培训学习,加强基本功。既然安全队伍人员来源比较复杂,就必然存在着水平参差不齐的客观现实,要适应安全知识不断更新、不断发展的特点,就必须经常对他们进行培训,使其通过学习不断加强基本功。

(3)勇于实践、善于总结,使新科技为安全工作服务。在科学技术迅猛发展的时代,如何使新科技成果不断地应用到安全管理中,是未来也是当前的一个焦点问题。

(4)多开展交流活动。经常性地举行经验交流活动,是搞好工作的有效方法之一。这同样有益于专职安全人员的健康成长。通过"走出去,请进来",使安全人员开阔视野、丰富见识,进而取长补短。

第七节 高标准的安全表现

一、建立科学HSE制度的流程

杜邦建立的安全制度管理流程是行之有效的。主要内容包括目标、组织机构和职责、安全生产投入、法律法规与安全管理制度、教育培训、生产设备设施、作业安全、隐患排查和治理、重大危险源监控、职业健康、应急救援、事故的报告和调查处理、绩效评定和持续改进等13个方面。

各企业的安全生产标准化建设步骤包括策划准备及制定目标、教育培训、现状梳理、管理文件制订和修订、实施运行及整改、企业自评、评审申请、外部评审等8个阶段。这在世界范围内是处于领先位置的。其运用PDCA循环系统,基于企业的核心价值、安全愿景、使命以及安全生产目标、方针、计划,建立流程化的管理体系、标准化的操作过程、职业化的工作标准,并把它们融入精细化管理、精益化生产和职业化工作中。见图2-3。

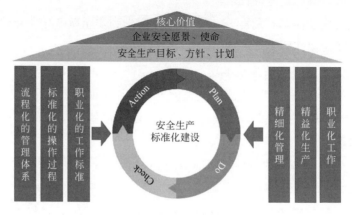

图2-3 安全生产标准化建设流程

二、确定以风险为主线的制度开发优先顺序

杜邦依据风险评估的结论和HSE制度的特点,选择优先开发顺序。8大(动火作业、受限空间作业、盲板抽堵作业、高处作业、吊装作业、临时用电作业、动工作业、断路作业)高危险制度的优先完善并在试点单位执行实施,为迅速、有效地控制或消除重大危险,防止事故发生起到了积极作用。

在我国安全生产标准化体现了"安全第一、预防为主、综合治理"的方针和"以人为本"的科学发展观,强调企业安全生产工作的规范化、科学化、系统化和法制化,强化风险管理和过程控制,注重绩效管理和持续改进,符合安全管理的基本规律,代表了现代安全管理的发展方向,是先进安全管理思想与传统安全管理方法、企业具体实际的有机结合,有效提高了企业安全生产水平,从而推动我国安全生产状况的根本好转。

杜邦公司还明确了制度开发优先顺序的四个要素。即：①基于该制度所控制风险的重要程度；②是否已有制度；③原有制度的可行性；④原有制度在现场执行的有效性。

杜邦优先开发的HSE管理制度如表2-2所示。

表2-2　杜邦优先开发的HSE管理制度

要素	专业分类	20个优先制度/标准
策划	安全管理 安全设计	1.工艺及设备危害因素识别与风险评价管理规定 2.工作安全分析管理规定 3.HSE目标和指标管理规定
组织结构、资源和文件	人力资源管理 安全管理 现场安全督查	4.HSE培训管理规定 5.HSE制度管理规定 6.安全观察与沟通管理规定
实施和运行	通用作业安全管理	7.作业许可管理规定 8.上锁/挂签管理规定 9.工业动火安全管理规定 10.进入有限空间作业安全管理规定 11.高处作业安全管理规定 12.移动吊装作业安全管理规定
	过程与设备安全管理	13.技术和设施变更管理规定 14.启动前安全检查管理规定 15.新改（扩）建项目设计阶段的HSE管理规定 16.设备和设施质量保证管理规定
	承包商的安全管理	17.承包商安全管理规定
检查与纠正	过程安全管理 设备安全管理	18.工作作业、操作循环分析管理规定 19.行为安全审核指南 20.过程与设备安全审核指南

三、职能部门参与HSE制度的编制

杜邦要求企业的职能部门必须参与HSE制度的编制。因为各个职能部门都和安全生产有着千丝万缕的联系，职能部门的工作和生产现场的工作都渗透着安全的因素，它们均负有安全生产的职责。

（1）财务部。负责贯彻执行国家有关财务管理制度；编制财务计划，加强经营核算管理，反映、分析财务计划的执行情况；编制资金预算，监控预算的执行；筹措和调配资金，保证资金合理使用；准确、及时进行会计核算、账务处理和编制财务报告，如实反映资金运作、经营成果和现金流量；制定切实有效的内控管理制度，保证公司资产的安全、完整；控制成本费用，进行成本分析，为公司领导当好参谋；配合公司进行科学投资。

（2）销售部。负责按照公司的销售总体计划，督促跟踪各区域销售工作进度；负责客户合同的管理；负责提供销售后勤保障，促使早日完成销售计划；负责公司产品、系统的投标工作；负责销售数据的统计分析；负责客户产品发货的管理与跟踪；负责销售订单完成的跟踪与管理；负责销售回款的跟踪与督促。负责所处辖区内的市场拓展和产品销售、客户管理与客户关系维护、订单的跟踪；负责所处辖区内的技术服务和售后支持工作；负责收集区域竞争对手、行业政策信息，为公司提供决策依据；负责按公司要求提供各类数据报表，为市场分析提供依据。负责所处辖区内职员的调配、考核等工作。

（3）工程研发部。负责为区域办事处提供售前技术支持和新产品的技术推广，并协助各办事处的市场拓展和产品销售；负责公司重点项目的工程设计、现场支持，保证工程设计的合理性；监督施工工程规范性的执行；负责对各区域办事处提供全方位的技术问题解决方案/渠道，并指导各办事处人员开展现场工作，直至完成；协助销售管理部（各办事处）和系统集成部工程项目的安装及验收；负责代表公司参加行业相关展会。

（4）计量部。负责组织贯彻执行国家技术法规和标准，制定企业技术标准；组织制定新产品开发、技术改造、质量改进计划并组织实施；负责制订和修改技术规程；编制产品的使用、维修和技术安全等有关技术规定；合理编制技术文件，改进和规范流程、作业指导书和操作规程；负责公司质量、计量、标准化、安标等体系的策划、建立、运行、维护、监控和改进；负责组织公司与产品有关的各种资质证书、企业标准的申报、办理、年审及管理工作；负责组织公司内审、管理评审、协助外审，并对不符合项的整改进行督促；负责依据产品技术文件，编制各种检验规范和检验作业指导书。

（5）生产部。负责按照销售订单制订生产计划，并按计划实施生产；负责产品生产流程的实施与优化，提高生产效率；负责按照要求实施产品的包装并发货；负责生产过程控制，提高产品装配质量；负责按照各类认证要求生产检测样品；负责生产人员的技能培训，提高员工素质。负责对市场返修产品进行统计分析，并跟踪返修及发货进程；负责顾客满意度调查的信息收集及分析，以及客户反馈信息的传递、追踪、回复及统计分析。

（6）供应部。依据生产经营需求，合理编制采购计划；负责按计划采购生产物料，保障生产活动正常进行；负责采购合同的组织签订；主导公司不良物料退货与返修的处理；主导新供应商的开发；组织合格供方的定期评定及控制管理，确保物料的交货期和质量要求；配合财务部做好供应商与公司的往来账务处理；负责公司其他相关采购工作的开展。

第八节 持续性安全培训和改进

一、杜邦的安全培训教育

1. 实行自下而上的逐级承诺制

下级围绕总目标和上级的指标，结合自身的岗位工作实际，向上级做出承诺，承诺不是针对结果，而是针对过程控制目标，承诺的内容一旦确定，将成为考核员工的依据，也是员工努力的方向。杜邦公司专家认为，通常目标的建立和分解是自上而下的层层"下达"，岗位指标是结果性的，与职责关系不强，相互之间没有控制关系，有些不同的岗位其指标基本一致，缺乏个性，未有效体现不同岗位的具体控制内容。这种目标的建立和分解做法，由于缺少过程控制内容，员工努力的方向不明确，因而也很难有效保证最终目标的实现。

2. 实行日常考核机制

考核工作由上级对下级一对一进行，主要从日常沟通、会议、过程表现等方面进行考核，上级有权针对考核结果对下级做出处理。杜邦公司专家认为，以往我们对目标完成情况的考核仅在年中或年底进行，考核内容针对最终结果的多，力度大，针对过程控制的少，力度小。这种考核方式过程控制不突出，一方面，过程控制缺乏严厉的约束机制，另一方面，过程控制难以得到有效落实。对那些做了大量工作，但仍然发生事故的单位全面否定，不做具体分析，不利于完善公司的安全管理基础工作。

3. 力求岗位职责内容明确清晰

杜邦公司将个人承诺与岗位职责紧密联系，只有明确岗位职责，才能进一步明确承诺。杜邦公司专家认为，我们的岗位职责内容相对较粗，语言表述模糊，具体工作任务和赋予的权力不清晰，不利于个人承诺和目标的制定，不利

于员工了解作业内容和主要工作任务，不能使岗位员工立足于本岗位积极主动地开展工作。杜邦安全培训实施流程见图2-4。

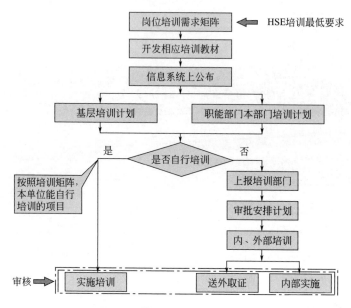

图2-4　杜邦安全培训实施流程

4.严格直线职能划分分级负责

机关部门对上主要起参谋作用，负责调研、收集、统计、分析有关数据，提供给领导进行决策，对下提供技术支持和咨询指导，在制度制订和修订层面上主要负责起草管理技术标准和管理过程控制文件，为生产主体单位提供管理技术指南和管理依据；在监督检查层面，主要是指导下级如何做，教会他们方法，而不是替他们做，基层单位则负责具体事务的开展。杜邦公司专家认为，有的机关部门在实际工作中直接管理到二级单位、三级单位，甚至基层单位，忽略了执行的主体，比如在制度建设层面上，组织为基层编制规章制度，为岗位人员编制作业规程，由于基层岗位员工没有充分参与，他们认为这些制度是强加到头上的，在执行过程中缺乏积极性、主动性；在监督制度落实层面上，各级管理人员直接查处违章、隐患，职能与基层重复，容易形成多头管理，使基层无所适从。职责界定不清，工作相互代替等问题的存在，使"肠梗阻"现象长期得不到有效解决。杜邦公司专家建议，要解决此类问题，上级应给下级提供"钓鱼的方法"，而不是直接给鱼，更不是越过二级、三级单位，直接插手基层单位的管理事务，甚至直接插手到岗位，这样只会使"肠梗阻"现象进一步加重。其结果是机关各部门做了大量的工作，但未达到预期的效果。同时，还会让下级机关产生较强的依赖心理，不利于充分发挥各级管理人员的主动性和创造性。

5.安全部门的职责定位

在安全部门的职责定位上，杜邦公司的安全部门承担着咨询、安全经验分享、培训、检查审核、参与事故调查、统计分析和技术指导的职能。杜邦公司专家认为，有的安全管理部门承担了过多的具体事务，导致本职职能不能得到有效发挥，如管理技术的研究、开发，以及所发现问题的追根溯源、持续改进等。

6.培训需求更强调主动性

杜邦公司在培训前会充分征求员工的意见，真正实现缺什么、补什么，员工参与培训工作是主动的。杜邦公司专家认为，部分培训工作是硬性安排的，目的性不强，培训更像是完成某项任务，没有充分考虑员工的需求，员工认为这种培训工作是强加到头上的。被动培训难以得到有效的沟通和交流，员工参与培训的目的性不强更容易使培训流于形式。

7.培训形式更注重现场培训

杜邦公司很少组织大型的脱产培训班，也不认为存在"工学矛盾"。公司开展的HSE培训工作多在现场实际工作中进行，在学中干，在干中学，通过现场交流和互动提高员工的辨识风险的能力。杜邦公司专家认为，有的公司大型脱产培训太多，每个二级单位举办的培训班都有100多期。他们认为，很多知识是不能在课堂中学到的，尤其是新入厂员工，人员来自不同的单位，岗位要求不一样，从事的作业也不一样，举办这样大规模、长时间的室内培训，无论是培训内容上，还是培训教师上都无法满足要求，也不会取得理想的培训效果。

8.培训效果的评估更注重日常评估

杜邦公司对培训工作的效果评估无论在培训过程，还是在培训结束后都得到及时开展，并针对结果立即采取改进措施，提高培训效果。杜邦公司专家认为，有的公司培训效果评估表面化、标准化，甚至多个培训班在结束后一并进行，且评估结果千篇一律。评估没有更多针对培训需求是否明确，培训教材、课程安排是否合适，评估结果是否有利于改进培训过程等，导致评估工作流于形式。

二、杜邦安全培训的表现

1. 杜邦的安全教育培训

（1）安全训练观察计划培训。杜邦安全训练观察计划（Safety Training Observation Program，STOP），是一种以行为为基准的观察计划，能让管理人员拥有达到安全绩效卓越的条件。STOP训练管理人员采取行动，帮助员工改变某些工作行为，以达到安全之目的。它还能培养观察及沟通技巧，使管理人员采取积极而正面的步骤，确保一个更安全的工作场所。实际运用STOP，将可以使工作场所的安全绩效及管理人员与员工的沟通方面更上一层楼。

① STOP是杜邦工厂安全系统的一部分。主要培训现场安全观察和现场交流的能力。包括五个模块：个人防护装备、人员位置、人员的反应、工具和设备、程序。

② STOP步骤。STOP是为管理人员特别设计的一种通过对安全行为和不安全行为进行观察、沟通和干预，从而达到改善公司安全业绩的系统管理的工具和方法，是管理人员的必备技能。这里的管理人员应包括上至董事长，下至班组长，整个管理链条上的各级别管理人员。

STOP分为五个步骤。一是决定，决定进行STOP安全检查。检查的频率根据实际情况而定。二是停止，指停在员工的附近，停下来仔细观察员工在做的工作。必须强调的是简单看一眼的观察不会完整，观察在必要时可适当调整位置。三是观察，指注意观察人员的行为，包括和员工沟通以获得工作内容的信息。观察可运用听、闻、感觉的技巧。听异常的声音；闻异常的味道；感觉异常的温度或振动。四是行动。行动有以下要求：a.防止可能出现伤害；b.必须立即纠正不安全行为；c.如果你保持沉默就等于默认，员工会认为他们的表现是可以被接受的，周围的同事也会以为该行为是可以被接受的；d.让员工探讨自己的行为，直到他们了解怎么样做才能让工作更安全，并不具惩罚性。但在员工明知故犯，危害自己或他人生命或重复地违反安全规定时，主管应该使用纪律处分。五是报告。即填写STOP观察报告。内容包括：观察到的安全行为和你采取的鼓励员工的行为；观察到的不安全行为和纠正的措施；防止再次发生而采取的措施；名字、日期和区域。在填写报告时其技巧有：随身携带STOP观察卡，及时填写；不要当着员工的面填写。STOP步骤见图2-5。

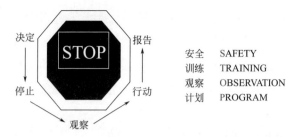

图2-5 STOP步骤

③现场实施培训。

a.观察技巧。始终强调观察的是"人的行为",对1名正在工作的人员观察30秒以上,确认有关任务是否在安全执行,包括对员工作业行为和作业环境的观察。观察时既要识别不安全行为,也要识别不安全状态,并采用一定的手段留下相关证据,例如拍照。观察到不安全行为和状态,应立即采取行动进行纠正或制止。

b.记录技巧。观察时不记录被观察者的姓名,观察到的安全行为和不安全行为均应进行记录,观察时小组成员不进行讨论,各自判断自行记录。安全观察与沟通报告表见表2-3。

表2-3 安全观察与沟通报告表

观察区域:　　　观察日期:　　　观察时间:　　　观察人姓名:

员工的反应	员工的位置	个人防护装备	工具和设备	程序	人体工效学	整洁
○观察到的人员的异常反应 ○调整个人防护装备 ○改变原来的位置 ○重新安排工作 ○停止工作 ○接上地线或上锁挂签 ○收起、不使用或改变正在使用的工具、设备	○可能 ○被撞击 ○被夹住 ○高处坠落 ○绊倒或滑倒 ○接触极端温度的物体 ○触电 ○接触、吸入或吞食有害物质 ○不合理的姿势 ○接触转动设备 ○搬运负荷过重 ○接触振动设备 ○其他	○眼睛和脸部 ○耳部 ○头部 ○手和手臂 ○腿和腿部 ○呼吸系统 ○躯干 ○其他	○不适合该作业 ○未正确使用 ○工具和设备本身不安全 ○其他	○没有建立 ○不适用 ○不可获取 ○员工不知道或不理解 ○没有遵照执行 ○其他	○办公室、操作和检维修环境 ○是否符合人体工效学原则 ○重复的动作 ○躯体位置 ○姿势 ○工作场所 ○工作区域设计 ○工具和把手 ○照明 ○噪声 ○其他	○作业区域是否整洁有序 ○工作场所是否井然有序 ○材料及工具的摆放是否适当 ○其他

(2)过程/危险物质的培训。杜邦非常重视对过程/危险物质的培训,主要内容包括过程危险分析培训、过程安全和风险管理培训等。

过程危险分析培训。也称预先危险分析,即将事故过程模拟分析,也就是在一个系列的假设前提下按理想的情况建立模型,将复杂的问题或现象用数学模型来描述，对事故的危险类别、出现条件、后果等进行大致分析，尽可能评价出潜在的危险性。过程危险分析主要用来分析在泄漏、火灾、爆炸、中毒等常见的重大事故中造成的热辐射、爆炸波、中毒等不同的化学危害。在杜邦的安全培训中，对生产人员和生产管理人员首先进行过程危险分析培训是十分必要的。

过程安全和风险管理培训。杜邦认为管安全就是管风险，安全生产的所有工作都是围绕管控风险展开的。因此，杜邦在安全培训中，对基于风险的安全管理流程按如下程序进行培训：培养员工的风险意识→全面（属地、专业化）辨识风险（培训能力）→制定措施管控风险→检查管控措施的有效性（隐患排查治理）→严格变更管理和定期识别风险→应急管理→定期持续。

2.人机工效培训

人机工效学也称人因工程学或人机工程学，是指综合运用生理学、心理学、卫生学、人体测量研究生产系统中人、机器和环境之间的相互作用的一门边缘学科。其通过研究作业中人体机能、能量消耗、疲劳程度、环境与效率的关系等，科学地进行作业环境、设施与工具的设计，确定合理的操作方法，从而提高工作效率。

人机工效学吸收了自然科学和社会科学的广泛知识内容，是一门涉及面很广的边缘学科。在机械工业中，人机工效学着重研究如何使设计的机器、工具、成套设备的操作方法和作业环境更适应操作人员的要求。人机工效主要包括的内容如下。

① 人的能力。这包括人的基本尺寸、人的作业能力、各种器官功能的限度及影响因素等。只有对人的能力有所了解，才可能在系统的设计中考虑这些因素，使人所承受的负荷在可接受的范围之内。比如，人的短期记忆容量是七个元素左右，在系统的设计中如果某一工作对人的短期记忆有要求，就不能超过这一限度，否则人将遗忘过多的信息，导致错误的发生。再比如，人在直立时向上推举的平均最大力是人体所受重力的100%，对人体无伤害的最大举力是人体所受重力的15%左右。若某一工作的负荷超过这一值，不仅会影响人的工作效率，甚至会影响人的身心健康。

② 人机交往。"机"在这里不仅仅代表机器，而且代表人所在的物理系统，包括各种机器、电子计算机、办公室、各种自动化系统等。人机工效学的座右铭是"使机器适合于人"。在人机交往中，人机工效学的重点是工作地、各种显

示器和控制器的设计。随着电子技术的进步和电子计算机的普及，人-计算机交往的研究在人机工效学中占有越来越重要的地位。

③ 环境对人的影响。人所在的物理环境对人的工作和生活有非常大的影响，因此，很自然地，环境对人的影响是人机工效学的一个重点内容。这方面的内容包括：照明对人的工作效率的影响，噪声对人的危害及其防治办法，音乐、颜色、空气污染对人的影响等。

杜邦在对人员的安全培训中把人机工效作为培训内容之一，旨在让员工在工作中做到：第一，使人工作得更有效；第二，使人工作得更安全；第三，使人工作得更舒适。

3.承包商安全培训

杜邦对承包商进行安全培训的目的是：明确承包商安全管理的责任要求，通过培训，让承包商充分了解公司的安全管理要求，以及相关的注意事项，预防承包商事故的发生，提高承包商的安全管理水平，提高承包商员工的安全意识。

一般来说杜邦对承包商安全培训的主要内容是：公司特点及安全常识；入厂安全要求；高危作业安全要求；应急管理安全知识；安全培训测试等。

杜邦对承包商安全培训的要求如下：

① 承包商入场前，按照合同要求对参加项目的所有员工进行相关法律、法规的安全培训，并向项目组织实施单位提供相关培训和考试记录。

② 项目实施单位（用户单位）负责安排具有资格的人员，对承包商进行入厂、施工作业及其他安全要求的安全培训，并为承包商提供相应的安全标准和要求，考试合格后，颁发"入厂许可证"，并记录归档。

③ 项目实施单位（用户单位）负责安排具有资格的人员，对承包商进行与项目相关的高危作业的专项安全培训，并提供相关的安全标准，考核合格后，颁发"高危作业资格证"，并记录归档。

④ 属地主管在日常安全审核中，发现承包商员工不能满足安全作业要求时，应立即提出并按要求对其进行再培训，结束后进行考核，重新认证。

⑤ 承包商员工若离开工作区域6个月以上，将被当作新入职人员进行专项安全培训。

⑥ 承包商员工在同一工作区域连续工作满一年以上，需进行施工作业和高危作业的复习培训。

⑦ 项目组织实施单位对承包商培训记录进行归档管理。

⑧ 不能与生产区域割断的改、扩建项目部分，由用户单位承担②、③、④

项培训工作内容,并将培训结果反馈给项目组织实施单位。

4.应急响应培训

应急响应安全培训是杜邦公司安全培训的重要内容之一。为了直观地解释杜邦应急响应系统的构成要素,杜邦将系统形象地比喻为一幢房子,管理层是房子的屋顶,执行系统所需的设施、设备、组织和人员四个要素则构成了支撑屋顶的四大支柱,房子的地基则由三层工具要素组成,分别是学习和提升、文化融入、应急演练及效果验证。如何搭建这样一幢房子?基于丰富的应急响应项目咨询经验,杜邦公司认为在应急响应系统的建立过程中,管理层的支持、员工的参与、应急响应计划、培训和练习、专职领导是决定系统有效性的重要因素。而很多企业面临的现实问题又由诸多管理短板造成,比如:缺乏对可能发生的情况的理解和预估;缺少及时向员工发出警报的有效沟通方法;作为整体计划一环的监管缺位;没有建立切断重要设备的流程;实际发生紧急情况时员工的应对意识不强。杜邦应急响应体系的构成要素见图2-6。

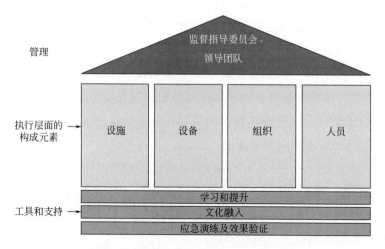

图2-6 杜邦应急响应体系的构成要素

应急响应是为可能发生的紧急情况所制订的详细计划,要求将对人员、环境、设施或社区的影响降至最低。一个详细的应急响应计划规定了在紧急情况发生后应采取的有效、协调的反应措施和可调用的资源。根据可能灾害场景的后果分析制订的应急响应和应急计划,必须是经过周密思考并符合逻辑的,计划应当公布于众并确保得到充分理解,必须由可能受事故影响的人员和参与应急管理的人员进行演习和测试。杜邦认为,仅仅通过掌握企业的静态安全信息并不足以了解和预估可能发生的情况，紧急事件的预防、应对、处理和善后往往更依赖于对企业动态安全信息的掌控，而紧急事件的发生和发展本身就是一个动态的过程。应急响应需要建立完整有效的获取企业动态安全信息的渠道，并能够使全员参与，形成有效的信息流动，这样突发事件也能够得到及时传达。同时，通过定期培训和现场演习来提升员工应对紧急情况的意识和专业能力，演习后，还需针对实际演习做法进行一次批判性的讨论，提出建议以促进改进。根据杜邦的理论，所有的应急响应系统管理和执行都应建立在学习和提升、文化融入、应急演练及效果验证上，没有软实力支撑的应急响应系统只是无法落地的"空中楼阁"。所以杜邦应急响应系统强调各级员工的能力培养，以建成一个高效的学习型组织，从日常工作中提升整个组织预估和应对紧急情况的能力，而非单纯地在特定事件发生时依赖特定的应急响应团队，从而由此形成预防型安全文化和核心价值，超越"应急"的概念而在更加广义的范畴中对潜在风险加以防范和管理。

为了更好地分享杜邦应急响应管理系统，杜邦公司专门开发了一套应急响应解决方案（DuPont Emergency Response Solutions），包括现有应急响应计划有效性评估、专业团队的组建和能力培训、组织结构和管理流程建立和改进等，并且开发了一个桌面培训模型（Response City），用于模拟研究事故情况，讨论事故情况下的合适应急响应。在美国总部，杜邦还设有应急响应培训中心，配有装备了全新仪器的培训车。

杜邦的应急响应培训完全围绕着这座"房子"来进行。由监督指导委员会、领导团队来管理应急响应计划。首先对管理团队进行应急响应培训。其次，杜邦应急响应执行层由设施、设备、组织、人员等要素组成，这里主要培训组织和人员，在培训中逐步学习和提升应急响应技能，并融入杜邦安全文化理念。最后以执行层的应急演练进行现场培训，以演练的效果来验证培训的效果。在执行层的应急演练培训中，通过实物、实地、实景的操作全面提升员工的应急救援技能，并在培训中融入企业安全文化，那就是以人为本的经营理念，在任何情况下保护人的安全与健康是第一位的。实践证明，杜邦这一套应急响应培训计划是卓有成效的。

三、杜邦E-learning网络培训管理

杜邦凭借着200多年的安全生产及运营经验，成立了杜邦可持续发展解决方案事业部（亦称为杜邦安全管理咨询部），旨在为全球企业客户提供全面、科学

及具有可执行性的安全管理及运营解决方案。

1. 杜邦E-learning背景介绍

杜邦除了提供安全管理咨询业务外同时也提供一系列的安全培训,包括面授及网络培训(E-learning)模式。

杜邦E-learning网络培训业务已经在全球开展了十多年,它基于全球最佳安全管理实践及理念,以安全培训为基础,结合劳动技能、规程培训、基层管理技能开发等多种需求,有针对性地开发了1300多门网络学习课程。全部课程均由杜邦设计并完成制作,可以服务于各行各业的企业用户。

课件设计中充分考虑到网络培训的特点和成年人的学习习惯,运用教学设计的科学方法,综合采用各类多媒体的手段,将知识要点清晰明了地展现给学员,并通过在线测评了解学员的掌握程度,巩固学习效果。课程涵盖以下内容。

(1) 安全环境和职业健康类课程(300多门课程)。包括:a.安全意识与安全态度;b.安全管理基本技能;c.防护设备的使用;d.应急响应;e.高危作业;f.危险环境;g.有害物质;h.危险能量;i.环境保护;j.职业健康须知。

(2) 工业技能培训课程。包括:a.基本技能;b.程序操作;c.机械工学;d.维修保养;e.测量技能;f.可持续经营。

(3) 人力资源培训系列课程。包括:a.沟通技巧;b.客服技巧;c.员工发展;d.团队合作;e.主管的能力培训;f.变革与创新。

2. 杜邦E-learning系统介绍

杜邦E-learning网络培训系统(LMS 5.0)采用灵活的基于多级管理体系的角色与授权管理,个性化的界面和功能设置,能够实施标准化的学习方案,并通过测试评估学员学习效果,同时根据客户需求定制功能和服务。

(1) 学习管理系统。a.基于角色的用户功能和用户管理;b.多语种界面;c.基于SAP Crystal Report(水晶报表)的强大的报表解决方案;d.灵活的课程设置,学员在必修课程之外可以自主选择选修课;e.授课培训也可以纳入总体学习管理系统;f.标准的SCORM 1.2版本第三方课件自如使用;g.根据不同学习需求,可灵活管理用户、课程和组件;h.量化评估学习结果,实现培训标准化;i.按个人时间规划,可随时提供培训。杜邦E-learning系统见图2-7。

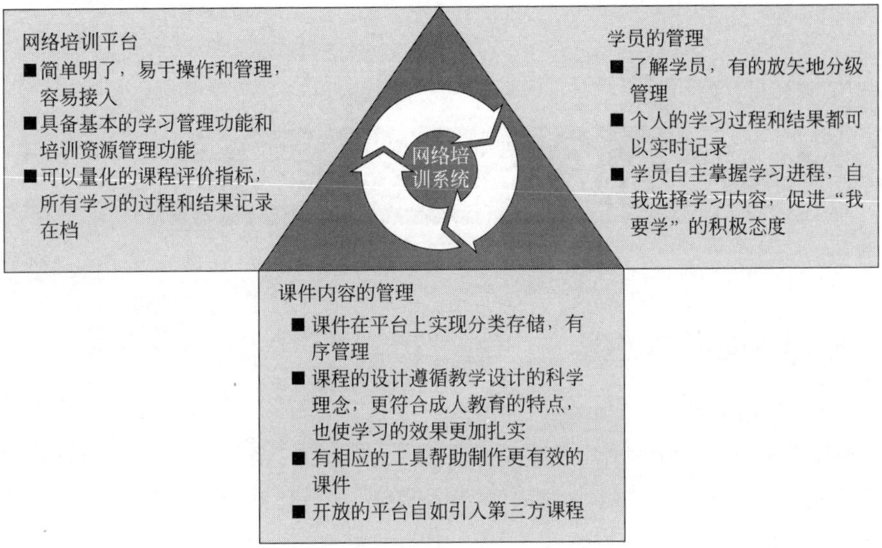

图2-7 杜邦E-learning系统

（2）信息分享与参考平台。a.基于第三方服务器的云计算，随时随地合力打造信息中心，多方分享最新知识与信息；b.拥有强大的定制功能；c.充分保障客户的信息安全；d.信息管理有条不紊，方便索引；e.搜寻功能；f.版面设计模块化，随意拖动，自由设置。

（3）互动的课程。a.一改将老师授课画面放到网上的简单模式，而是采用动画、视频等多媒体方式使学习内容更加生动丰富；b.按客户需求量身定做全新培训课程；c.现有培训课程中可以通过加入图表、视频和培训要点等方式适应不同客户特殊要求；d.有网络课件制作工具，可使用课件制作工具自主制作和开发课件；e.提供各类丰富模板，帮助客户自主制作多媒体网络课件；f.插入问题和题库，随机抽取问题，满足客户评估学习效果的要求；g.易于操作的工作界面。

（4）专业服务。确保成功地实施网络培训，通过现场培训、执行支持和技术支援的手段，满足各组织不同的需求，如定制课程等。在最适合满足客户需求的环境中进行使用培训、技术支持、营销支持，以提高电子学习计划的报名人数。

（5）经验丰富。作为"世界500强"（Fortune 500）企业之一，杜邦为客户带来安心、专业和创新，在双赢的基础上构建可持续的解决方案。

杜邦有200多年的实践经验作为后盾，是全球公认的最安全、最符合道德规范的公司之一，其课件融入旁白设计，促进知识的理解，解决方案经相关领域的专家审核，有助于确保符合健康、安全、环境、道德和营运标准。

第九节 有效的双向沟通

一、杜邦双向沟通过程

1. 团队领导者的责任

领导者要认识到沟通的重要性，并把这种思想付诸行动。企业的领导者必须真正地认识到与员工进行沟通对实现组织目标十分重要。如果领导者通过自己的言行认可了沟通，这种观念会逐渐渗透到组织的各个环节中去。

2. 注意沟通的心理因素的作用

团队成员要克服沟通的障碍必须注意以下心理因素的作用。

① 在沟通过程中要认真感知，集中注意力，以便信息准确而又及时地传递和接收，避免错传信息和减少接收时信息的损失。

② 增强记忆的准确性是消除沟通障碍的有效心理措施，记忆准确性水平高的人，传递信息可靠，接收信息也准确。

③ 提高思维能力和水平是提高沟通效果的重要心理因素，高的思维能力和水平对于正确地传递、接收和理解信息，起着重要的作用。

3. 正确地使用语言文字

语言文字运用得是否恰当直接影响沟通的效果。使用语言文字时要简洁、明确，叙事说理要言之有据，条理清楚，富于逻辑性；措辞得当，通俗易懂，不要滥用辞藻，不要讲空话、套话。非专业性沟通时，少用专业性术语。可以借助手势语言和表情动作，以增强沟通的生动性和形象性，使对方容易理解。

4. 学会有效倾听

①使用目光接触；②展现赞许性的点头和恰当的面部表情；③避免分心的举动或手势；④要提出意见，以显示自己不仅在充分聆听，而且在思考；⑤复述，用自己的话复述对方所说的内容；⑥要有耐心，不要随意插话和随便打断对方的话。

有效的倾听能增加信息交流双方的信任感，是克服沟通障碍的重要条件。

5. 缩短信息传递链，拓宽沟通渠道

信息传递链过长，会减慢流通速度并造成信息失真。因此，要减少组织机构重叠，拓宽信息渠道。另一方面，团队管理者应激发团队成员自下而上地沟通。例如，运用交互式广播电视系统，允许下属提出问题，并得到高层领导者的解答。如果是在一个公司，公司内部刊物应设立有问必答栏目，鼓励所有员工提出自己的疑问。让领导者走出办公室，亲自和员工们交流信息。坦诚、开放、面对面的沟通会使员工觉得领导者理解自己的需要，从而取得事半功倍的效果。

总之，有效的沟通在团队的运作中起着非常重要的作用。成功的团队领导把沟通作为一种管理的手段，通过有效的沟通来实现对团队成员的控制和激励，为团队的发展创造良好的心理环境。因此，团队成员应统一思想，提高认识，克服沟通障碍，实现有效沟通，为实现个人和团队的共同发展而努力。

二、杜邦安全工作沟通方式

1. 杜邦安全训练观察计划

（1）管理层要有对安全的承诺。真切关注工作场所人的安全；企业已经建立了到位的安全政策、程序及标准安全管理机制；企业有成熟的持续性安全培训教育机制，双向沟通的渠道是畅通的，员工能够向管理层提交反馈意见；企业建立安全管理的过程指标，管理层带头进行安全观察，并且对安全观察的发现定期加以分析以便做出改进计划并跟踪实施。在企业具备了以上条件后，可以通过对高层进行STOP（安全训练观察计划），并进而通过自上而下的传递，由领导以身作则带领自己的团队逐步展开，形成全员STOP的基础。

STOP的目标：①降低事故率，强调安全行为，减少事故隐患；②降低事故和伤害产生的成本；③提升全员安全意识；④增强员工沟通技巧；⑤培养观察技巧；⑥开发安全领导技巧；⑦监督安全及不安全的行为及劳动场所状况；⑧体现领导层对增强安全的决心和意志。

STOP不仅强调对于员工的安全意识的培训，同时也强调企业管理层对于企业安全承担着特殊的责任，因此针对组织内不同的层级，实施STOP的目标既有联系，又有区别。通常我们将STOP分为主管的STOP和相互的STOP，主管的STOP针对管理人员和团队主管，目标：了解并强调安全操作规程，在发现不安全行为时与员工沟通并要求改正，预防伤害，建立对安全生产的共同理解和承诺。相互的STOP针对全体员工，目标：工作中能够识别安全与不安全的行为及工作条件，将安全行为观察和沟通作为日常工作的一个组成部分，使安全和预防伤害成为本能，与自己的同事合力创造相互观察、互相提醒的安全文化。

（2）STOP的实施过程。

① 沟通是成功的关键。观察别人工作时，你的主要目的就是确保他们的行为很安全。但是只观察员工工作，或是要求他们改善你不满意的行为是不够的，还应尽可能地鼓励其安全行为。

许多研究都表明，正面的鼓励只要使用得当，对于激励员工持续进行这个行为相当有效，但这并不表示纠正不安全行为就没有效果，只不过鼓励安全的行为也是增强动机的一个重要因素。

② 沟通是双向的。双向沟通中是指发送者和接收者两者之间的位置不断交换，且发送者是以协商和讨论的姿态面对接收者，信息发出以后还需及时听取反馈意见，必要时双方可进行多次重复商谈，直到双方共同明确和满意为止，如交谈、协商等。

③ 双向沟通的重要性。沟通的重要性不言而喻，然而正是这种大家都知道的事情，却又常常被人们忽视。没有沟通，就没有成功的企业。企业内部良好的沟通文化可以使所有员工真实地感受到沟通的快乐和带来的绩效。加强企业内部的沟通管理，既可以使管理层工作更加轻松，也可以使普通员工大幅度提高工作绩效，同时还可以增强企业的凝聚力和竞争力，因此我们每个人都应该从战略意义上重视沟通。

④ 双向沟通方式的正确使用方法。不管企业的组织结构设计得怎样好，怎样适合企业的发展需要，如果没有一整套适合的双向沟通机制，再好的组织结构也无法提高员工的绩效水平，说不定还会搞得一塌糊涂。因此，沟通时掌握好方法就显得尤为重要。方法使用不当，不但解决不了问题，反而会使问题加重，这是企业不想看到的结果。对双向沟通方式的使用，应该掌握以下几点。

a.掌握沟通的及时性。信息的作用是有限的，沟通要及时才能发现问题，快速地解决问题，沟通本身也才是有效的。b.运用多种形式的沟通。和绩效相关的沟通是一种动态的过程，要按照实际情况和实际运行结果修正方式方法，要针对员工的不同需要选择合适的方法，不能仅仅依靠某种单一的形式，要选择同时满足主管和员工需要的综合方法。c.沟通的过程要目的明确、程序明确。任何正式的绩效问题讨论过程都要做到这一点，这既有利于节约时间，又能打消员工心中的疑虑，避免使员工在沟通中因目的不明而不知所云，也避免因猜疑而隐去一些重要的信息。d.掌握气氛设置技巧，防止冲突。只有主管和员工都主动地、自愿地加入双向沟通的过程，这个过程才会发挥作用。e.要学会倾听，并对员工的信息给予积极的反馈。只有倾听才能了解情况，但只听是不够的，还需要给予员工积极的反馈,这是双向沟通最重要的特征之一。

(3) 杜邦STOP沟通所取得的成就。①大幅度减少伤害及意外事件;②降低事故赔偿或损失成本;③提高员工的安全意识;④增强相互沟通的技巧;⑤培养监督及管理的技巧;⑥传达管理阶层对安全的承诺等。

2. 杜邦"有感领导"安全管理

(1) 概念。有感领导,顾名思义就是有安全认知的领导,是指企业各级领导通过以身作则的良好个人安全行为,使员工真正感知到安全生产的重要性,感受到领导做好安全的示范性,感知到自身做好安全的必要性。所谓"有感领导",是指有安全感召力的领导,即要求各级领导通过员工可以"看到、听到、体验到"的方式展现自己对安全的承诺。具体包括承诺与保障、带头与示范、影响与感染等方面。

(2) 职责。指各级领导通过带头履行HSE职责,模范遵守HSE规定,以自己的言行展现对HSE工作的重视,让员工真正看到、听到和感受到领导在关心员工的安全,在高标准践行安全,使员工真正感知到HSE工作的重要性,感受到领导做好HSE工作的示范性,感悟到自身做好HSE工作的必要性,进而影响和带动全体员工自觉执行HSE规章制度,形成良好的安全环保氛围。

"有感领导"其实并不是什么新的管理理念,它只是把目前大多数人都在实施的管理思想,进行了概括和浓缩,使得管理理念更精练、更简洁而已。"有感领导",实际就是领导以身作则,把安全工作落到实处。无论在舆论上、建章立制上、监督检查管理上,还是人员、设备、设施的投入保障上,都落到实处。通过领导的言行,使下属听到领导讲安全,看到领导实实在在做安全、管安全,感觉到领导真正重视安全。

"有感领导"的核心作用在于示范性和引导作用。各级领导要以身作则,率先垂范,制订并落实个人的安全行动计划,坚持安全环保从小事做起,从细节做起,切实通过可视、可感、可悟的个人安全行为,引领全体员工做好安全环保工作。

(3) 三层含义。安全影响力:有感是部属的感觉不是领导者本人的感觉,是让员工和下属体会到领导对安全的重视。安全示范力:自上而下,强有力的个人参与,各级管理者深入现场,以身作则,亲力亲为。安全执行力:提供人力、物力和组织运作上的保障,让员工感受到各级管理者履行安全责任做出的承诺。

(4) 六步安全审核法。杜邦公司的六步安全审核法,属于主管按计划对下属进行的安全审核,是有感领导的典型形式。通过六步安全审核,让员工与管理人员交流互动，管理人员引导员工创造良好的安全氛围，让员工感觉自己受到重视和尊重，形成安全经验分享、互动的氛围。

① 第一步管理者到现场审核安全时，注意观察现场，观察员工的操作行为，友好地打招呼，发现不安全操作要善意地制止不安全行为，让员工先停止操作，若员工在高处或危险环境中，要特别提醒员工小心注意人身安全，回到安全的地方。

② 第二步问其辛苦，评价刚才员工的安全行为，肯定其做得好的地方，这种评价会让员工感觉到管理者关心他、尊重他。

③ 第三步指出违反操作规程的不安全行为，讨论不安全行为有哪些严重后果，标准的工作方式应该如何。

④ 第四步得到员工对今后工作的安全承诺。

⑤ 第五步讨论其他安全问题，如针对季节饮食、穿衣应注意什么，上下班交通安全应注意什么等。

⑥ 第六步感谢员工的工作。

杜邦公司各工厂的安全审核都是由主管部门进行的，根据工作性质需要，定期组织，由审核组长提交总经理和安全部门，能整改的现场立即纠正，不能当场纠正的制定整改方案报安全部门负责跟进，并协调跟进责任部门限期解决。安全部门汇总整理各个现场安全审核数据，可知道公司总体不安全行为状态，了解公司之前的安全情况，预测职业健康安全趋势和影响因素，为管理者提供各层面的安全信息，采取有效措施从而预防事故发生。杜邦安全审核方法让员工与管理者之间形成真诚的沟通交流，分享安全经验，形成互动，使员工很诚恳地服从执行规章制度。

杜邦"有感领导"安全沟通过程见图2-8。

图2-8　杜邦"有感领导"安全沟通过程

第十节 有效的员工激励机制

一、杜邦安全工作激励

1.公司层面

公司层面的影响因素很多,薪酬与福利体系、奖惩体系、绩效管理体系、员工晋升体系、培训与发展体系、劳动保护与安全、工作环境等,这些因素都会影响员工的士气,因此公司必须结合企业的实际情况,采取相应的措施进行变革,适应公司发展要求。比如:薪酬与福利体系必须认真进行周密的薪酬外部调查,综合考虑同行业的薪酬水平,也要考虑当地的薪酬水平,保证薪酬的外部公平;另一个方面要进行岗位评价,保证薪酬的内部公平,不同岗位之间根据岗位的贡献价值,设定不同的薪酬水平,避免"大锅饭",同时又要适当拉开差距。

2.管理者层面

除了公司层面进行改进之外,更重要的是作为公司的中层、基层管理者要掌握提高员工士气的一些技能。建议中、基层主管在提高员工士气时加强以下几个方面工作。

(1) 深入了解员工的需求。了解员工的需求可以通过平时的沟通、会议、员工的抱怨、调查问卷等。只有深入了解下属的需求,才能有效地激励他们,充分调动他们的工作积极性。

(2) 创造良好的工作氛围。谁都不愿意在这样的工作氛围下工作:干活就出错,一出错就被指责;大事小事都要请示;办公/现场环境乱七八糟;周围净是聊天、打私人电话、吵架、不干活的人;团队成员相互拆台、不负责任;人际关系复杂;上司总是板着脸。员工都愿意在这样的工作氛围下工作:宽松、和谐、自由的气氛;办公/现场整洁温馨;团队成员相互帮助,精诚合作;人际关系简单明了;敢于尝试,不会受到指责;微小的进步和成绩都会获得上司和同事的认可和赏识。因此创造良好的工作氛围是中、基层主管日常管理的一项重要工作。

(3) 认可与赞美。人的天性是喜欢得到别人的认可与赞美,员工的微小进步，主管应该及时给予真诚的认可与赞美。在批评员工时也要适当注意技巧，不能伤害到员工的自尊，一般状况下批评尽可能在私下进行。

（4）促进员工成长。在安全工作中不断得到成长，是绝大部分员工的期望，作为主管，帮助员工不断成长是其重要的工作职责。

3.员工个人层面

员工士气的高低最终决定因素是员工自己，只有自己才能对自己的士气做主。士气决定行为，行为决定习惯，习惯决定命运。所以自己的命运决定于自己的士气。只有每一位员工始终保持着积极的心态，做自己积极心态的主人，公司的员工士气才能更高，员工自己的人生才能更辉煌。

以上三个方面提升员工士气的建议还需要针对公司的具体情况分重点进行，最好是公司进行一次调查，了解员工的真正需求，然后根据需求采取针对性的措施。提升员工士气是一个长期努力的过程，期望立竿见影的效果是不现实的，最重要的是一点一滴不断持续行动。

二、杜邦安全绩效管理

杜邦全球各事业单位都采取统一的安全准则及绩效标准，如果工厂所在地的法令规定比杜邦严格，则采用工厂所在地的法令规定。杜邦的安全是整合在事业管理系统中的，工厂（或事业单位）各阶层管理者均被适当授权去负责监督、测量、评估职责范围的安全目标的达成。安全是线上主管的责任。比如：监督作业品质与数量，以各种报表监督自己部门应达成的目标，检查"建议改进事项"（注：建议事项来自稽查发现的缺点、事故调查报告、制程危害分析报告等）是否按期执行改善完毕，并评估执行完善后的效果；检查环境监测、设备检查、预防保养及人员训练是否完成评估及达到预期成效；参与自己部门或其他部门的安全稽查等。

稽核是提升安全绩效的良方，所有的安全活动都通过稽核来评估是否达到计划目标。稽核结果在绩效评估的运用上是多方面的，它除了对发现的缺陷采取改正的措施以外，不同的稽核有其不同的方法来表示安全绩效。如"作业安全观察"是主管人员对自己部属实施"安全行为"观察与改正的一种稽核。当观察到员工的不安全行为时，主管人员要与员工沟通，以改正员工的不安全行为。不安全状况是人员不安全行为的结果，主管也必须找到造成不安全状况的人并与其沟通面谈，面谈的目的是告知他的错误，并教导他正确的做法，以提升员工的安全知识水平与观念，这是提升安全绩效最有效的方法之一。杜邦安全绩效管理的基本流程见图2-9。

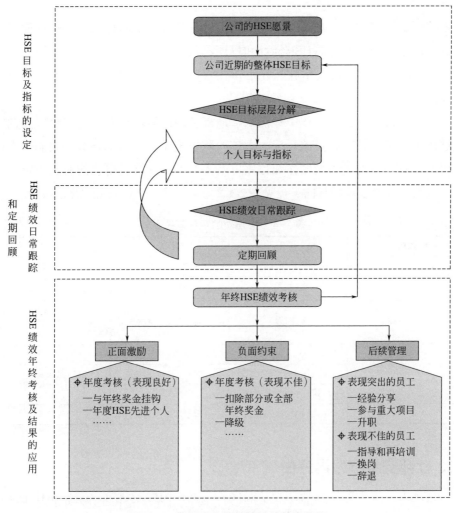

图2-9 杜邦安全绩效管理的基本流程

第十一节 有效的安全行为审核与再评估

一、杜邦安全行为审核

杜邦安全审核主要是审核HSE体系。HSE体系审核通过检查HSE管理体系是否按规定要求运行,是否有效地实施,是否符合既定的HSE管理体系的方针和目标,是否符合既定的HSE标准和程序,从而帮助企业和管理者实现安全运营。在这里必须强调的是:杜邦HSE审核管理是保证HSE管理体系有效运行的过程性管理工具。

杜邦认为人是安全工作中最活跃、最复杂的因素,在对人的安全行为的审核过程中,主要针对人员的反应、人员的防护装备、人员的位置和姿态、人员使用的工具和设备、人员的作业程序以及人员的作业环境等来进行。审核的人员、范围、频率以及同行的人员见表2-4。

表2-4 多层次的观察审核表

人员	范围	频率	同行的人员
最高管理层	整个运作部门	每季一次	中层管理小组成员员工
最高管理层	各部门	每个月1～4次	中层管理小组成员员工
中层管理	整个区域	每个月1～4次	一线主管小组成员员工
一线主管	自己的区域	每星期3～5次	员工
小组	自己的区域	每星期3～5次	每个人
小组	与其他小组交叉审核	按要求	其他小组
安全专业人员	整个操作区域	每星期3～5次	每个人

二、杜邦安全行为再评估

通过安全行为的审核后,为了确保安全工作的顺利进行,减少和杜绝安全事故的发生,杜邦规定还要进行一次再评估,以此来促进安全工作的改善和安全标准的执行,以及安全制度的落实。

1. 评估报告的内容

主要包括:体系文件、年度目标、年度报告、安全检查报告、安全标准、安全程序等。这些文件能够体现出企业安全计划的实施范围及其效果,通过多渠道收集信息,分析现有文化和当前制度的有效性。

2. 评估报告综述

根据调研中获得的有关安全管理的基础资料、信息和数据,依据评估标准,分别对22个要素进行综合评估。首先列出评估范围,其次指明评估的基准和结果,再次指出企业安全管理的优势领域,接下来点出企业在安全管理中的改进空间,最后总结企业在安全生产领域的优先建议。

3.评估报告总结

在总结报告中要体现调查中管理层对安全管理的关注和看法、员工对安全管理的关注和看法、观察到的员工的不安全行为及可能导致的后果，要有安全事故统计系统和安全事故损失分析，还要有现场照片及说明等。评估审核流程见图2-10。

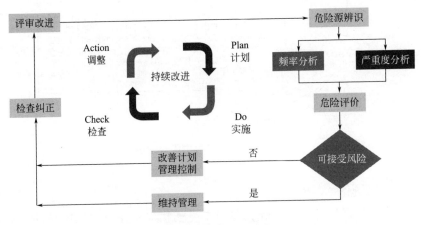

图2-10　评估审核流程

第十二节　全面的伤害和事故调查与报告

一、事故管理理论

1.事故主因结构理论

事故发生的因素中：人的不安全行为占96%，为主要原因，是人为的，也是可以避免的。物的不安全状态占4%，为次要原因，也间接是人为的，可以避免的。在现场工作中，我们也发现绝大多数事故都是人为造成的。杜邦事故主因见图2-11。

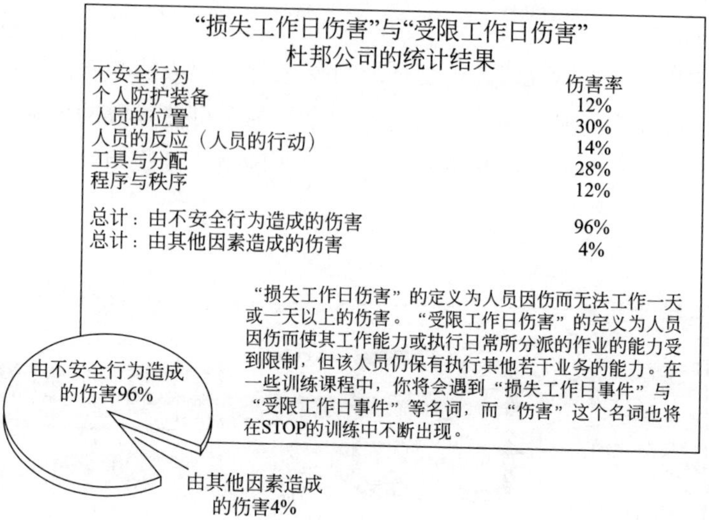

```
"损失工作日伤害"与"受限工作日伤害"
        杜邦公司的统计结果
不安全行为                              伤害率
  个人防护装备                            12%
  人员的位置                              30%
  人员的反应（人员的行动）                  14%
  工具与分配                              28%
  程序与秩序                              12%
总计：由不安全行为造成的伤害              96%
总计：由其他因素造成的伤害                 4%

"损失工作日伤害"的定义为人员因伤而无法工作一天
或一天以上的伤害。"受限工作日伤害"的定义为人员
因伤而使其工作能力或执行日常所分派的作业的能力受
到限制，但该人员仍保有执行其他若干业务的能力。在
一些训练课程中，你将会遇到"损失工作日事件"与
"受限工作日事件"等名词，而"伤害"这个名词也将
在STOP的训练中不断出现。
```

由不安全行为造成
的伤害96%

由其他因素造成
的伤害4%

图2-11　杜邦事故主因示意图

2.事故金字塔理论

经过大量数据统计表明：死亡事故：受伤损失工作日：伤害事件：危险事件：不安全行为的比例是1∶29∶300∶3000∶30000。 事故金字塔理论揭示了一个十分重要的事故预防原则：要预防死亡事故，必须预防受伤损失工作日事故；要预防受伤损失工作日事故，必须预防伤害事件；要预防伤害事件，必须预防危险事件；要预防危险事件，必须消除人的不安全行为、物的不安全状态。能否及时消除日常工作中人的不安全行为和物的不安全状态，取决于日常安全管理是否到位，也就是平时讲的细节管理，这是预防死亡和重伤事故最重要的基础工作。我们要从细节管理着手，抓好日常安全管理工作，降低"安全金字塔"底部的不安全行为和不安全状态，预防死亡和重伤事故，实现全员安全。杜邦事故金字塔理论见图2-12。

我们从金字塔图上很容易理解这种层级关系，其体现了事物从量变到质变的转换过程。3万次的不安全的行为最后导致了质变，可能发生死亡事故。

金字塔理论揭示：要预防死亡重大伤害事故，必须减少事故苗子，根本上是要杜绝日常工作中人的不安全行为和物的不安全状态。

杜邦公司认为，96%的事故是由人的不安全行为造成的，4%是由物的不安全状态造成的。要坚信：所有的事故都是可以预防和避免的。人们常说：越危险的地方越安全。那是因为在恶劣的工作环境下，人高度注意安全操作，杜绝了一些不良的操作习惯，所以事故发生率反而低。

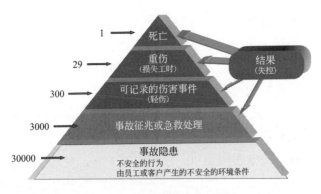

图2-12 杜邦事故金字塔理论

强制管理是生产经营单位通过组织机构建立健全各级管理人员和生产人员责任的要求，如管理规章、制度、作业规程、操作规程、劳动纪律等各个方面，并强制认真落实、检查和考核。教育培训能提高员工的安全意识，变"要我安全"为"我要安全"，产生自我安全的需要，激发接受安全教育培训的动机，形成积极学习的行为。安全生产方针就是"安全第一，预防为主，综合治理"，而工程技术方法主要从技术层面贯彻该方针的落实。

3. 事故冰山理论

日常工作中人的不安全行为和物的不安全状态就像冰山的水下部分，不容易被发现，见图2-13。它的三层含义具体如下。

图2-13 杜邦事故冰山理论示意图

①人们往往只关注事故或事件的表面,未探究导致事故的根源。②要从根源上解决问题,不要只关心事故本身,做一些表面工作。③事故经济损失大部分是由人的不安全行为和物的不安全状态造成的"暗"损失,而不是某起事故本身造成的"明"损失。

"冰山理论"告诉人们:暴露在"海面"上的问题只是一小部分,而那些藏在"海下"的隐患才是真正的炸弹。希望生产单位提高破"冰"能力,建议和要求安全工程师每天拿着摄像机、照相机等工具,对基层单位安全工作中的"海下"隐患进行拍摄整理,并从"海下"隐患的直接原因、间接原因、后果等方面进行全面剖析并曝光。开展这项工作的目的,就是要找出"海面"下的不安全行为、因素,采取有针对性的措施,消除导致安全事故发生的根本原因,实现安全生产的可控、能控、在控。

企业安全管理工作的一项重要内容就是要找出生产操作者的不安全行为,并采取有针对性的措施消除安全隐患。让职工充分认识到"隐藏在水下的冰山"更危险的道理,通过形式多样的宣传,让安全变成一种习惯,让习惯变得更规范。最终目的是把企业安全管理固化为一种理念,并融入全体职工的自觉行为和自律意识之中。唯有这样,安全工作才能真正破"冰"远航。

二、杜邦对事故的认识

1.任何作业都可能发生事故

根据系统安全工程的观点,危险是指系统中存在发生不期望后果的可能性超过了人们的承受程度。一般用危险度来表示危险的程度。事故发生的直接原因包括:物的不安全状态;人的不安全行为。

2.所有事故都是可以避免的

安全意识是杜邦企业文化中非常重要的一部分,已贯穿杜邦的经营和生产活动,延伸到生活的每一个细节当中。杜邦除了以负责的态度建立一个成功的企业外,还创造了一个安全、健康的文化与环境,这也充分体现了杜邦对员工的人性关怀。表2-5给出了杜邦事故分类与分级。

表2-5 杜邦事故分类与分级

事故分类	事故分级	是否需要全面调查
1.人员伤害/疾病	损工事故	是
	限工事故	是
	医疗诊治事故	是
	简单诊治事故	否

续表

事故分类	事故分级	是否需要全面调查
2.过程安全事故	A类	是
	B类	是
	C类	否
3.环境事故	A类	是
	B类	是
	C类	否
4.火灾事故	A类	是
	B类	是
	C类	否
5.运输事故	A类	是
	B类	是
	C类	否
6.交通事故	同"1.人员伤害/疾病"	

注：A类是重大事故，B类是一般事故，C类是微小事故。

三、杜邦事故调查方法

杜邦认为直线管理者应该负责所有事故的调查，而直线管理者的工作职责是搞好事故调查的关键。杜邦规定直线管理者的职责是：①确保所有的事故都能得到报告；②建立鼓励信任和尊重的氛围；③与员工沟通进行事故调查的意义；④建立事故调查的体系和程序；⑤提供事故调查的资源和优先权；⑥进行事故跟踪，避免重复性事故的发生；⑦确认与员工沟通体系的有效性。这些职责规范了直线管理者进行事故调查的思路和方法，为事故调查奠定了坚实的基础。

杜邦在事故调查中，特别强调：事故调查和责任追究必须完全分开。①在杜邦事故管理的公司标准中，没有责任追究的内容；②杜邦事故责任追究独立于事故调查程序；③在杜邦，纪律处分（责任追究）和事故调查是完全不同的两个管理程序，其归属部门也不一样；④杜邦非常慎重地对待事故中的责任追究，比如涉及员工主观违反公司保命条款的情况，此时，杜邦公司会谨慎地评估，然后做出正确的决定。杜邦事故调查流程见图2-14。

杜邦发展到现在，在世界上存在了200多年，与不断创新有直接的关系。在事故调查中杜邦的现代观点认为：①不安全行为仅仅是安全问题的症状，而不是起因；②一线员工、管理者、决策者都是导致事故发生的因素；③追究事故责任实际上无助于管理系统的改进，因为它转移了人们对管理系统改进的关注，而去关注是否有人要为某个事故承担责任；④追究责任对于渎职、没有承担起已经明确的本应该承担的责任，是有作用的；⑤追究渎职、违章、违纪的责任，而不是事故的责任。

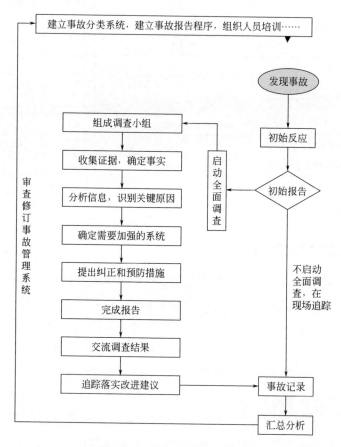

图2-14　杜邦事故调查流程

第三章 杜邦人员管理机制

　　杜邦对人员变更的安全管理是杜邦保证安全的重要手段；对承包商的安全管理也是杜邦人员变更安全管理的主要要素。

　　杜邦承包商安全管理，要求发包单位、承包商依法签订工程合同，签订安全协议，开工前向承包商收取安全风险抵押金，安全风险抵押金一般为工程总造价的5%。工程应发包给具有相关资质的单位，在签订合同前，必须对承包商资质和条件进行审查，并复印（扫描）有关见证性材料备案。

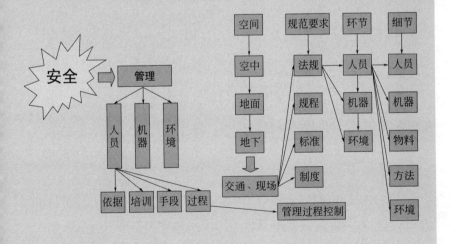

第一节 人员变更管理

一、人员的变更

杜邦对人员变更管理的原则是：确保那些在生产区域的操作人员和技术人员有符合岗位要求的经验和知识，从而为过程安全决策以及日常生产运行提供一个可靠的基础。

人员变更会涉及组织机构变更。组织机构变更主要是工厂生产、维修和安全等相关人员和岗位的改变，包括人员更替、职位增减等，如减少每个班组的操作人员的数量、减少（或增加）工作岗位等。这些改变可能使从事某项工作的操作人员减少，或某个岗位的操作人员缺乏所需的经验和技能，从而影响过程安全。改变组织机构时，主要关心是否有足够的能够胜任的人承担起事关工厂安全的工作任务，以及分工和责任是否明确、合理。

人员变更是指经主管部门决定而改变人员的工作岗位职务、工作单位或隶属关系的人事变动，包括企业之间和企业内部的变动。人员变更应具有以下两个特点：一是经过人力资源管理部门认定并办理相应手续；二是较长时间的职位或职务改变。关键人员变更是指生产安全关键岗位人员（以下简称关键岗位人员）发生变更时，确保接班人员满足保证生产安全平稳运行所需的相关知识、技能及特定经验的最低要求，使人员变更产生的风险始终受控的管理过程。

人员变更管理着力于保持组织内全体员工的安全综合素养，着眼于员工整体风险控制能力的提升，人员变更管理本身也是实施安全管理与推进安全文化的重要手段。生产安全关键岗位是指与公司生产运行密切相关的管理、技术和操作岗位，当该岗位任职人员缺失或接班人员相关知识、技能和特定经验不能满足岗位设置规范最低要求时，可能引起人员伤亡、重大财产损失、严重影响环境等生产安全事故发生。变更方式包括入职、离职和替岗三种情形。变更的生命周期见图3-1。

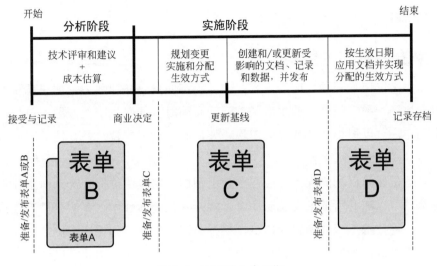

图3-1 变更的生命周期

二、人员变更的作用

人员调配的目的和作用,从根本上讲是促进人与事的配合及人与人的协调,充分开发人力资源,实现组织目标。

(1)人员调配是实现组织目标的保证。为了适应组织不断变化的外部环境、内部条件及组织目标和任务的变化,只有不断进行人员调配,才能适应这些变化,维持组织的正常运转和推动组织的发展壮大。

(2)人员变更是人尽其才的手段。人各有所长,也各有所短。只有把人放在合适的岗位上,才能充分发挥其潜能。人与事的最佳结合,不是一劳永逸的,而是动态的,需要及时进行相应的变更调整。

(3)人员变更是实施人力资源计划的重要途径。人力资源计划中所确立的人员培训和劳动力转移等方案,都要通过人员变更调配手段来实现。

(4)人员变更是激励员工的有效手段。人员变更调整包括职务的升降和平行调动。职务晋升和平行调动,都能对有关人员产生一种内在的激励、新鲜感和应付挑战的亢奋,有利于挖掘其潜能。

(5)人员变更是改善组织气氛的措施之一。对于风气不正的班组,可以通过人员变更调配,来改变不良风气。实践中许多用人单位在劳动合同中会预先做出可根据工作需要随时调整岗位的约定,但实际调整岗位时还是经常引起劳动者的不满,引发劳动争议。用人单位认为既然劳动者已答应,就应无条件服从,而劳动者则认为这种约定显失公平,具体调整岗位多是报复劳动者,而非生产经营需要。

三、人员变更的注意事项

工作岗位作为劳动合同的内容,一经约定即具有法律效力,如果调整,依法应当协商一致。但是企业生产经营活动又随时可能发生变化,用人单位在合同中约定,可以根据经营状况或工作需要调整劳动者岗位,是行使劳动请求权的一种方式,也是符合情理的。

问题是任何权利的行使都应在合理范围内,用人单位拥有劳动请求权,并不意味着可以随心所欲地支配劳动者。实际发生的案件中,有的单位以经营需要为由,将技术工程师调整为门卫,将办公室人员调整到保洁岗位,明显地超过一般人可以接受的范围,容易引起劳动者的极大不满。因此,虽然用人单位可以在劳动合同中约定任意调岗,但在操作岗位调整时,用人单位应当遵守以下规则。

(1)调岗之前分析利弊、慎重考虑,注意调整工作岗位必须具有合理性。现在,我们都讲共同发展、人性化管理,那么在调岗问题上,首先应该考虑用人单位的整体工作安排,是否确实有调岗的需要,通过调岗是否确实能够促进用人单位和个人的发展。同时对员工的基本情况(学历、专业、资历、工作经历)进行综合评估:一方面是要考虑该员工是否胜任新岗位,以达到用人单位调岗的目的;另一方面要考虑该岗位是否适合员工的职业生涯发展,是否对员工未来发展有帮助,是否能够充分发挥员工的才能。这些都关系到调岗的效果,需要优先考虑。

(2)强化考核,以便有充分的调岗依据。对于打算调岗调薪的员工,用人单位要加强对其考核,最好在准备调岗之前几个月,就要注意对其考核,并且考核后的资料要妥善保管。对于调岗中牵涉的各类资料均应认真分析,妥善保存,尤其是因业绩不好,被认为不胜任原岗位的员工,如果以后发生解除合同的情况,这是所需的重要依据。

(3)用人单位要换位思考,在与员工面谈前准备充分。调岗调薪往往都直接牵涉员工的切身利益,因此用人单位在操作时必须站在员工的角度,为员工考虑。通过换位思考,可以更好地了解员工的想法,以促进、调动其积极性,同时也能为面谈积累素材,以便获得员工更多的理解和支持。

（4）与员工亲切面谈并告诉员工调整的原因及依据，争取获得员工的理解和支持。调岗成功的关键并不在于把员工调到某个岗位，而是调整后员工能一如既往，甚至更努力地为用人单位服务。获得员工的支持是调岗最为关键的步骤。

（5）调岗后，要与员工签订变更协议。变更属于劳动合同变更，根据《劳动合同法》的规定，变更劳动合同应当采取书面形式。因此，调岗必须签订书面变更协议，这对于确保双方合法权益，防止日后发生争议都很有意义。协议要写明确双方变更后的权利义务。

（6）变更后要对员工进行岗位培训。经过调岗变更后，出于对岗位和员工的负责，用人单位有义务安排岗前培训。内容一般有：新岗位说明书、新岗位的操作流程、与新岗位有关的专业知识等。可采用集中培训与带教相结合的方法进行，通过制订和执行培训计划的方法，在工作中进行培训，这样效果往往会更好，经培训考核后正式上岗。通过培训，使员工迅速进入工作状态。

四、杜邦人员变更管理规定

1.杜邦规定的关键PSM（Process Safety Management，过程安全管理）的岗位

（1）各级管理层（从一线主管到厂长）。

（2）维修部经理。

（3）技术主管。

（4）生产技术人员（技术管理人员、工程师、控制人员）。

（5）相关的实验室技术人员。

（6）操作员和影响过程安全的支持员工。

（7）设备维修人员（机械及电气技术人员、电气和仪表工程师等）。

（8）废水处理系统操作人员及水质检测人员。

（9）紧急响应小组和危机管理人员。

（10）消防控制中心管理人员。

2.杜邦规定的人员变更管理要点

（1）为管理团队维持满足岗位需要的经验和知识水平建立指导。

（2）就以下方面，对新入岗的人员进行培训：

①过程安全的原则和要点；

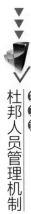

② 其他区域的过程安全信息。

（3）评估新员工在接受培训之后的熟练程度。

（4）如果经验、知识丰富的员工的流失失去控制，就需提供额外的措施。

（5）人员的离岗和新到岗人员范围。离岗包括人员的辞职、辞退、退休和转岗以及长时间休假（三个月以上的假期）。新到岗人员包括新入职和职责扩大、新招聘的人员和从其他部门转入以及本部门不同职位间调动的人员。

3. 过程安全管理（PSM）关键岗位人员变更程序

（1）人员是过程安全管理的一个关键因素，人员的变更可能对过程安全造成重要影响。

（2）工厂管理层应确保满足过程安全管理所需要的知识、经验和技能的最低限度的要求，这些要求通常包括：

① 特定的操作经验，能够安全地完成所有关键任务和操作程序；

② 过程安全管理的知识和技能；

③ 能够发现和处理危险情况，例如紧急情况的沟通和紧急停机等。

（3）对PSM关键岗位人员的最低要求如下：

由于人员变更而造成的上述的经验和技能的流失可能导致所进行的危害评估失效。工厂应根据生产过程的危害，规定PSM关键岗位相应的经验、知识和技能的最低要求，以及岗位最少人数等。

（4）工厂和各区域应定期回顾（每年至少一次）PSM关键岗位人员标准和现有人员情况。

（5）当进行人员招聘时，岗位直线主管（或更高级别的管理层）应首先确认该岗位是不是PSM关键岗位。如果是，则必须在职位描述中列明与岗位相当的经验、知识和能力的要求，并与人力资源部门充分沟通。

（6）HSE经理及PSM委员会主席共同负责制定工厂最高管理者——厂长的岗位最低要求（厂长的上级主管应提供其接受过的相应培训和能力的证明）。

4. 杜邦对PSM关键岗位新入职人员的管理规定

（1）应对新入职的PSM关键岗位人员进行新入职PSM关键岗位人员技能、知识及角色分析，并根据评估结果制订该人员的短期培训计划（90天内必须完成培训考核），还应根据需求制订长期培训计划。

（2）应在3个月内完成对PSM关键岗位新的到岗人员的能力考核。考核形式为：笔试、口试、现场示范或以上方式的结合。如果3个月内没有完成考核，则需申请延期并在限定的时间内完成考核。

（3）考核完成后，由其主管负责新入职PSM关键岗位人员技能、知识及角色分析，以及确认其他长期培训计划的停止。

（4）PSM委员会应对PSM关键岗位人员的培训工作进行审核确认。

5．杜邦对PSM关键岗位人员的离岗管理规定

（1）当工厂/各区域或担任PSM关键岗位的人员将有离岗情况时，其直线主管应在该员工离岗前一个月，进行离职PSM关键岗位人员技能、知识及角色分析，确保该岗位的经验、知识和能力的最低要求，以及岗位最少人数等，分析该人员的PSM角色及其离岗的潜在影响，并制订相应的行动计划（如委派其他人员接替、培训后备人员或从厂外调动）。

（2）离任的厂长由HSE经理或PSM委员会主席组织分析。

（3）上述分析和行动计划经过区域主管批准后，由区域存档并定期跟踪执行情况。所有行为计划执行完毕后，由工厂PSM委员会及其主管批准后停止。

（4）当区域担任PSM关键岗位的人员离岗后，其直线主管应在该员工离岗前，确认其所负责的有关PSM项目的完成情况，对于未完成、未开始的项目，作为离岗交接工作的一部分，其直线主管需要对这些工作进行重新安排，以确保所有项目按时完成。

（5）区域主管需要每月审核一次所属PSM关键岗位人员状况，并在工厂人员评估表上记录。

第二节　承包商安全管理

承包商是指有一定生产能力、技术装备、流动资金，具有承包工程建设任务的营业资格，在建筑市场中能够按照业主的要求，提供不同形态的建筑产品，

并获得工程价款的建筑业企业。按照他们进行生产的主要形式,分为勘察、设计单位,建筑安装企业,混凝土预制构件、非标准件制作等生产厂家,商品混凝土供应站,建筑机械租赁单位,以及专门提供劳务的企业等;按照他们的承包方式,分为施工总承包企业、专业承包企业、劳务分包企业。在我国工程建设中承包商又被称为乙方。

一、杜邦承包商安全管理

1.承包商应具备的素质

(1)有事业心和勇于进取的魄力,知人善任,能精心挑选和组织领导班子,善于团结人,调动全体职工的积极性,发扬敬业精神,形成强大的凝聚力。

(2)作为企业家,要懂得理财的重要性,精通理财之道,并且能够取得往来银行和担保公司的信任和支持。

(3)通晓工程施工技术、施工组织和估价业务知识以及投标策略,针对不同工程的具体条件,能不失时机地做出争取中标的报价决策;中标后能迅速组成精干高效的现场管理班子。

(4)懂得建立准确详尽的成本核算制度和工程质量管理制度以及信息管理系统的重要性,通过信息管理系统,随时掌握工程进度、工程质量、工程成本和资源利用的动态,并能够及时进行必要调查。

(5)熟悉各种保险程序和税法,以利于保护工程、企业财产以及职工的合法权益。

(6)熟悉劳工关系和公共关系,把这些事务交给有才干和责任心强的人去掌管,以利于职工队伍的稳定和积极性的发挥,并为企业树立良好的社会形象。

2.对承包商的安全要求

对于大量使用承包商的企业或者项目来讲,承包商安全管理是一件特别令人头疼的事情。承包商通常承担着危险性比较大的作业,而承包商人员整体素质、承包商公司安全管理水平往往相对偏低,导致承包作业更有可能发生事故。

业主要对承包商安全管理进行辅导,这是借鉴国际一流公司在承包商安全管理方面好的做法,从承包作业风险评估、基于风险的承包管理模式设计、承包商资格预审、招标、合同签订、入场人员控制、入场设备工具控制和作业现场管控等方面进行策划并指导实施。杜邦对承包商的安全要求见图3-2。

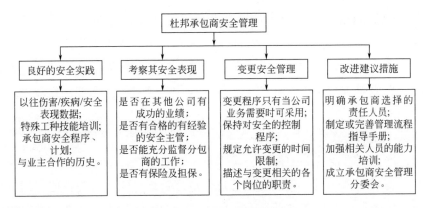

图3-2 杜邦对承包商的安全要求

3.杜邦对承包商的安全管理过程

一直以来,杜邦公司严格落实安全生产法和公司安全生产管理的要求,规范承包商管理各项制度,严把承包商队伍入门资质审核关、入场教育培训关、风险管理关、三重监管关、业绩评价考核关,使承包商安全生产始终处于受控状态。

(1)严把入门资质审核关。杜邦公司将承包商管理纳入安全管理体系,严格审查承包商安全资质,对承包商施工队伍人员技术许可证、安全许可证等证件和施工组织设计方案等严格审查,对资质不合格或达不到安全生产条件的队伍,坚决不予采用。杜邦选择承包商考虑的内容见图3-3。

图3-3 杜邦选择承包商考虑的内容

(2)严把入场教育培训关。杜邦公司将承包商队伍纳入日常安全教育培训范围,每次施工前都要对入场的承包商队伍进行安全培训、技术培训等入场教育培训,采取集中授课、现场讲解、安全经验分享等措施,使施工人员了解本次作业生产特点,清楚存在的安全风险,做到无污染、无违章、无伤害、无事故。培训结束，对受训人员进行考核，考核不合格的人员严禁进入施工现场。

（3）严把风险管理关。要求承包商的施工队伍在每天入场作业前，都要组织现场作业人员进行本次作业的安全风险识别，针对当天的施工作业环境、施工作业内容等进行全方位辨识和风险识别；安排技术人员进行施工技术措施、安全技术等技术交底。

（4）严把三重监管关。杜邦公司完善承包商检查标准、监管职责和施工作业管理流程等管理规范，采取直线管理、属地管理、职能部门再监督的三重监管方式，督查承包商施工作业情况。即：在谁的地方施工谁负责、谁用工谁负责两重安全监督的同时，生产安全部门进行再监督，确保承包商施工作业动态监督全程无死角。

（5）严把业绩评价考核关。每一次承包商作业完毕后，杜邦公司都要对承包商的作业情况进行评价，对承包商施工人员素质、施工组织情况、施工现场标准化等每个环节进行综合考评，考评结果将纳入承包商管理，直接影响承包商以后的竞标入围，以此提升承包商合规生产意识和责任意识。

二、破解企业承包商安全管理难题

承包商管理是企业生产经营活动的重要组成部分，但施工现场的承包商安全管理始终是个棘手的问题。寻求破解承包商HSE管理难题的方法，减少安全生产过程中"三违"现象的发生，促进承包商自主安全管理水平提升，最大限度地减少甚至避免安全事故的发生，不断提升企业的安全业绩，这些成为企业落实"以人为本、安全发展"理念十分重要的工作。

1.承包商HSE管理存在的主要难题

通过对企业安全现状分析，目前承包商安全管理呈现出队伍分散、整体素质不高、自主管理偏弱，以及主管部门责任不落实、监管措施不到位等五个难题，其主要表现如下。

（1）承包商员工流动性大，人员往往素质不高，安全意识淡薄；同时，存在总承包商分包多、挂靠多、临时用工多的"三多"现象，违章冒险作业现象较多。这是目前承包商HSE管理中存在的一个普遍性问题。

（2）部分承包商HSE管理人员管理意识和技能不高，制度执行不严，现场监督松懈。有的承包商HSE管理人员由于不懂HSE管理制度和管理要求，现场监管流于形式甚至带头违章；或者没有认真履行监管职责，反而一味强调现场施工建设进度的重要性,自身管理严重缺位。

(3)承包商自主管理能力不强。一般来说,承包检维修、施工作业往往是短期行为,HSE费用未投入到位,部分承包商高层管理人员存在"少投入、赶工期、多回报"的潜意识和"事故不一定发生"的侥幸心理,以致现场安全措施不完善,日常管理标准不高、要求不严,安全风险得不到有效控制。

(4)对承包商统一管理、统一标准、统一要求还有差距。主要表现为企业对承包商自主管理情况、HSE管理体系运行情况监督检查不到位,不能系统地了解、掌握承包商单位整体HSE管理能力水平及深层次的问题。

(5)"谁主管、谁负责"的要求没有真正融入相关业务部门的日常管理业务之中。企业强势的业务管理与偏弱的HSE管理的问题依然存在;承包商的准入、评估、淘汰运行机制和管理标准还不够量化、细化,没有建立承包商HSE业绩与主管部门连带考核机制。

2. 提升承包商HSE管理的工作思路

(1)以机制促进管理提升。企业要针对企业安全生产特点,不断探索和创新有利于承包商安全的管理方法和管理模式,随时掌握承包商动态变化,及时发现和纠正管理过程中以及作业环节上的偏差,把影响企业安全生产的承包商管理问题纳入HSE管理提升活动中。

(2)以监管促进安全到位。企业要认真落实"谁主管、谁负责"的原则,在强化承包商HSE自主管理的基础上,对承包商始终保持强势管理和严格监管的态势,及时解决施工现场"三违"现象多等困扰安全生产的难题,使承包商安全管理趋于标准化、程序化、科学化,努力提升安全生产整体管理水平。

3. 提升承包商HSE管理的对策措施

(1)从源头机制上进行把关。一是要把好承包商准入关。按照阻碍承包商安全管理提升的因素和相应的管理思路,企业要成立资源市场管理委员会和专业委员会,明确对各类承包商的准入门槛、综合考评与年审等,把好准入关,使用单位只能在资源库名录中选用承包商,确保承包商队伍整体素质的可控性。

二是完善监管组织机制。企业要结合承包商HSE管理实际,以承包商HSE管理提升为着力点,公司根据不同类型的承包商,明确业务责任部门、横向部门、基层单位的职责,专门成立HSE项目管理部,配备专职HSE管理人员,对

承包商及项目建设现场进行HSE监督管理。承包商严格按照"50∶1"要求配备HSE管理人员，工程监理单位配备专职HSE管理人员，形成HSE管理部、监理单位、承包商"三位一体"的HSE监管体系。除此以外，由所属单位配备专职现场安全监护人，对施工用火等高风险作业进行现场监护，明确具体提升措施、责任部门、责任人及完成时间。

（2）落实HSE职责，提高承包商的安全意识和技能。企业要在合同中对乙方的义务进行强制约定：各承包商必须先完成对员工的安全意识、作业工种安全操作规程的教育，并提供证明材料。安全环保部门随机抽查，不合格或没有进行相关安全教育的人员一律不准进入承包商队伍，当达到5%人数时，将该承包商申请安全教育的全部人员退回。同时，开展对承包商的项目经理和技术、管理人员，以及特殊工种员工的安全培训工作，以提高管理层和高危工种的安全意识和作业技能。

（3）完善承包商HSE考评制度，实施承包商淘汰工作机制。一是建立承包商考评机制。由企业安全环保等监管部门牵头，组织工程建设、机动、质量等部门，从技术素质、施工资质、设备设施、HSE管理等方面，完善承包商HSE考评制度，建立《工程、检维修承包商HSE绩效考核评价办法》，并修订完善《承包商考核细则》，实行交纳违约金和考核扣分相结合的考核方式。对发现承包商违规，每次奖励一定金额，以发挥现场监管人员的积极性，遏制违章现象的发生；考核分数则与合同续签业务量挂靠。

二是强化承包商HSE行为和绩效考核。要实行业务主管部门、安全监管部门和属地管理单位三个层次的日常HSE行为监督检查。一方面企业要将承包商考核权下放到各基层单位，实行"属地化管理"，每个业务所属单位可设置"运行监管员"岗位，负责日常监督、检查、考核。若承包商出现违约情况，根据《承包商考核细则》规定，及时向企业缴纳违约金。另一方面，加大承包商作业现场日常HSE检查处罚力度。对达不到合同约定考核要求的承包商，直接扣除相应的合同费用；对违反安全生产禁令、HSE规章制度等违章违纪及管理不善的承包商及其HSE管理人员予以严肃处理。

三是强化承包商淘汰工作机制。工程建设、机动和安全环保等部门要从承包商工作业绩、HSE业绩、廉洁从业情况等方面，每年联合组织一次综合评审，全面清理整顿工程、检维修承包商，公布合格承包商名录；建立承包商清退机制，一旦考核分达到规定的分值，对承包商将采取项目经理书面检查与安全考试、暂停工程项目投标资格，直到清退出资源市场库的处理；同时对连续3次排名末位的，企业有权撤换承包商HSE管理人员及项目负责人，进一步从源头上保证检维修承包商的安全管理，确保施工安全和工程质量。

（4）进一步强化承包商HSE自主管理。一要建立有效的沟通机制。结合承包商作业现场和承包商情况，按照企业对各下属单位HSE管理检查考核标准进行月度承包商检查考核讲评，承包商必须参加企业各相关单位的生产调度会、安全例会，了解、掌握企业安全制度和安全管理要求，共享事故教训，并建立管理要点跟踪机制，保证信息的畅通与措施的到位，达到统一管理的目的。同时结合承包商月度HSE绩效评价结果，指出其管理上存在的不足、可能存在的风险点，对HSE管理较弱的承包商试行业主单位HSE管理人员蹲点工作制或派驻HSE帮扶工作组，从制度执行、措施完善、安全用品配备、安全教育培训、现场监督等方面进行全面强化，努力消除HSE管理"短板"，达到共同提升的目的。

二要强化现场标准化管理。各类施工作业要制定样板工程标准化作业流程，从工机具、作业条件、施工操作工艺、质量标准、成品保护等方面明确标准化的作业程序、标准要求、质量控制程序及验收用表，并将作业程序下发到施工单位和监理单位；对承包商施工区域的临时办公区、设备材料堆场等实行总体布局，对施工区域围栏、成品保护、HSE警示标志等落实文明施工标准化要求，对承包商的HSE费用落实情况进行抽查，确保安全劳保设施配备的及时到位，逐步做到统一标准化管理。另外，要结合HSE管理信息系统的建设和运行，对承包商资质、安全教育培训、HSE管理等做到信息化管理，更好地促进承包商的规范化管理。

三要强化专业岗检的过程监督，促进承包商提升HSE管理水平。企业要从HSE资质、安全签约、HSE培训教育、HSE业绩和现场监督检查5个方面，不定时对承包商进行全过程监督管理，认真落实"一罚二停三清退"的管理原则。HSE管理部门要运用岗检形式，坚持开展日检查、周通报、月评估工作，每月由HSE管理部、施工管理部、监理单位联合组织进行现场检查，对照承包商HSE管理绩效考核评价表，从HSE管理制度、组织机构设置和岗位HSE职责落实、HSE教育、作业许可证、施工组织设计与方案、HSE事故等方面进行考核，评选排名第一的承包商为"优秀承包商"，在工程项目例会上通报排名情况。同时，在工程建设现场可开展如"百万安全工时无事故""千万工作业绩零违规"等竞赛活动，形成"比学赶帮超"的氛围，更好地促进承包商自主HSE管理。

（5）认真落实"谁主管、谁负责"的原则。企业要进一步完善承包商主管部门的HSE管理职责，建立连带考核机制，形成主管部门对承包商业务、HSE同等强势管理机制，修订完善企业HSE责任制考核细则，强化承包商事故管理，做到对承包商事故与对企业内部事故一样严肃处理与考核。承包商的安全管理情况，与业务主管部门的主要责任人的月年度绩效紧密挂钩。同时，企业要完善日常岗检对职能部门的监管作用，从制度修订、执行和监管等方面着力，抱着"拉下面子"的思路，对职能部门和生产单位进行"毫不留情"地检查考核，从根本上扭转"一团和气""打擦边球"的被动局面，让承包商违章违纪现象没有生存空间。

总之，企业要紧密结合实际，将承包商难题纳入企业一体化管理体系，实行统一管理、统一标准、统一要求。通过科学绩效评价，完善承包商队伍准入和考核机制，同时奖优罚劣，将承包商的安全业绩与工程量挂钩。同时要强化责任部门的监管职能，不断提升承包商的HSE管理水平，从而培育企业忠诚度高、员工素质好的战略承包商队伍，逐步形成业主与承包商长期友好合作的共同利益链，真正体现"以人为本、安全发展"的宗旨，实现企业安全、社会稳定和承包商发展的和谐统一。

三、杜邦承包商安全管理六步法

杜邦承包商安全管理六步法见图3-4。

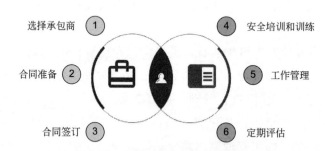

图3-4　杜邦承包商安全管理六步法

1.选择承包商

选择承包商是建立在对承包商过往安全业绩全面调查的基础之上，首先在招标阶段要向承包商明确拟招标项目的危害识别与风险评估，当进行资格预审的时候，应考查其安全表现，也就是选择有良好安全实践的承包商。比如针对以往安全表现数据，特殊工种技能与培训，承包商安全程序、计划等方面进行评分考量。

对承包商的安全能力评估是选择优秀承包商的关键，如何做？根据杜邦公司的管理实践，我们可以从以下几个环节进行考查。

（1）与可能的投标人开会并讨论：承包商先前是否在这里或在其他公司有过成功的业绩表现（通过前期调研获得）？

（2）承包商是否有合格的、经过培训的、有经验的安全工作人员和主管可以从事安全相关的工作（要根据工程大小，考虑安全人员数量）？

（3）承包商是否有正式（书面）的安全计划，实行工作安全检查，并保留事故调查日志？承包商是否有保险（给员工购买保险）及担保（小单位要有大公司进行担保）？

（4）承包商是否有足够的资源（设备、人员）来安全地完成工作？他们的书面安全计划是否可信、全面、适用？承包商是否能出示证据表明其计划是有效的（例如，他们是否有带有可衡量结果的安全审查记录）？是否有安全培训记录，以及相关的证明和资格证书？是否清楚地为承包商组织中的每个人（管理层、职员、主管人员、工人）规定了安全任务和责任？

2.合同准备

假如你想把事做好，要先将游戏规则定好。合同签订之前：竞标者要理解"游戏规则"。合同中应涉及并明确要求主要人员的能力和所需设备，同时要涵盖：对安全的期望；执行工作的条件；工作场所通用安全规定；作业现场的特别安全规定；详细的工作范围等。更重要的是不遵守要求时，有终止合同的条款。

① 合同准备要素。a.在合同文件中以特定语言加入具体的对承包商安全期望的要求。b.帮助理解如何推行承包商安全要求。c.具体工作的安全标准。d.主要人员的能力和所需设备。e.预期的行为。f.没有在预料之外的事。g."安全协调"应参与到准备招标文件的过程中，识别安全危险因素并在招标文件中包括合适的安全条款。h.制定整个后续过程的"游戏规则"。

② 招标/合同文件应包括的内容。a.对安全的期望。b.执行工作的条件。c.详细的工作范围。d.不遵守要求时，终止合同的条款。e.工作场所的通用安全规定。f.作业场所的特别安全规定。g.工作现场人员完成的工作安全分析/工艺危害分析。h.建立承包商安全管理和技术标准。

3.合同签订

① 合同签订要素。a.在招投标会议和标前会议上对承包安全规范进行全面、有效的评审。b.确定关键人员以使该工作有效地进行。c.确定业主和承包商双方都有合适人员参加这些会议。

② 合同签订条件。a.承包商的投标满足业主标的要求。b.承包商承诺遵守合同上的安全要求。c.承包商将安全费用单列。d.签合同前审核承包商的安全文件。e.审核资料必须存档。f.承包商指派合适人员参加招标会议、澄清会议、合同签订会议、开工前会议。g.制定安全作业计划书。h.有明确、一致的安全认识。

③ 合同签订存在的问题。a.在合同签订过程中,对安全要求关注度不够。b.承包商未将安全要求融入作业计划中。c.仅将安全要求附在标书和合同内。d.没有有效沟通和讨论。e.作业计划未作为合同的重要附件。f.未与选定的承包商详细地商讨合同有关的安全内容。g.4个会议未能得到充分重视,如主持人不合适,参加的人不合适,会议上交流的内容不完整。h.没有安排充足的时间进行合同签订工作。i.执行人员未能得到相关培训和指导。

4.安全培训和训练

培训和训练是为了让承包商人员理解接受项目现场的安全要求和安全文化。应避免提供千篇一律的安全导向培训,避免将安全导向培训与指导看成一种负担。培训要有针对性,针对项目安全、作业风险,不要夸夸其谈,不应该把安全导向培训与指导看作一个"事件"。应将其看作一项不断进行的工作。安全培训要始终贯彻承包商的所有活动,比如在工作开始前进行入场培训,让人员熟悉关键的安全信息,告知生产可能对施工产生的危害。

① 承包商安全培训要素。a.确保在这一阶段时前面三个步骤已完成。b.确保让承包商人员在得到最初的安全导向培训时能理解、接受项目现场的安全要求和安全文化。

② 承包商安全培训中易犯的错误。a.提供千篇一律的安全导向培训与指导。b.将安全导向培训与指导看成是一种负担。c.提供的安全导向培训与指导与在先前步骤中传达的安全信息无关。d.选择的培训人员不专业。e.把安全导向培训与指导看作是一个"事件",而不是一项不断进行的工作。

③ 承包商安全培训要求。a.自始至终贯彻承包商所有活动。b.在工作开始前进行入厂培训。c.熟悉关键的安全信息。d.沟通可能对施工产生的危害。e.合同的安全要求是培训和指导的基础。f.合同管理员要确保相关安全交底。g.培

及安全交底须有书面记录。h.承包商提供需要的工作安全培训。i.合同管理员完成附加培训。j.组织定期的再培训及安全指导。k.评价培训的效果。

5. 工作管理

工作管理的实质是对作业的过程安全管理，属地要根据合同要求安排专人负责评估现场安全的实施状况，同时，保证审核或安全调查是针对风险控制，而不仅仅是为了惩罚。对现场的检查要实施闭环管理：有检查、有通报、有整改、有验证。促使现场作业持续改进及避免普通错误的重复发生。属地主管应积极履行主体责任，对承包商的作业过程进行管控。

① 工作管理要素。a.根据合同要求评估现场安全的实施状况。b.保证审核或安全调查是针对伤害预防，而不仅仅是为了惩罚。c.设置后续跟踪过程，促使持续改进及避免错误的重复发生。

② 工作管理中易犯的错误。a.直到这一阶段还对承包商的安全投入力量和资源不了解。b.对监控安全工作的任务和责任不明确。c.把承包商视作敌手，而不是伙伴来监控安全工作。d.主要侧重于违规现象整治而非预防。e.当工作范围改变时，未更新安全作业计划。

③ 工作管理内容及要求。a.始终贯彻承包商的所有活动。b.承包商的工作受到有效监督。c.满足合同的安全要求。d.属地主管负责实施安全监管。e.总承包商有责任监督分包商。f.属地主管应做到如下几条：作为联络人与承包商交流、沟通；要求有害物质送达前通知业主；开展安全审核，对沟通结果及时整改；验证事故报告真实性，调查所有事故；使承包商遵守所有安全要求。g.制订工作计划，然后根据计划实施，应注意以下内容：审核不是"警察抓犯人"；训练、指导、掌握审核技能；建立涵盖整个项目的沟通体系；持续改进管理流程；严格变更管理程序；建立现场内外的应急响应系统。

6. 定期评估

承包商管理的基础是建立一个奖优惩劣的程序，使不同部门可以共享成功的经验，但大多数企业都未实施这一重要步骤。定期评估也是为以后选择承包商做准备，所以应建立科学的评估制度，确保承包商的安全表现依照程序进行了评价，淘汰表现不良者，表彰有贡献者。建立合作伙伴关系的一种重要方式是对照合同的期望值评估安全表现，互相提供建设性的反馈意见，更新数据库，调整流程，做出改进，对是否推荐这个承包商进行将来的工作提出建议。具体见图3-5。

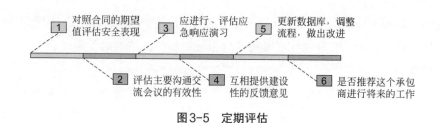

图3-5 定期评估

① 定期评估要素。a.建立一个奖优惩劣的程序。b.使不同部门/现场可以共享成功的经验。

② 定期评估易犯的错误。a.未实施这一重要步骤。b.未从错误中吸取教训，继续重复相同错误。c.对未达到期望值无相应措施。d.业主可能应对不良表现负全部责任或至少部分责任，却不公平地责怪承包商表现不好。e.当工作开始时，未通知承包商。

③ 定期评估的内容。a.承包商安全管理善始善终。b.为提升承包商的管理提供支持。c.建立必要的评估制度。d.帮助承包商改善未来的业绩。e.帮助业主改善管理流程。f.定期评估是建立合作伙伴关系的一种重要方式。

总之，对于承包商安全管理，大多数企业仍有很长的路要走，比如在选择承包商阶段。在招标阶段，企业往往忽略承包商安全工作的能力，而将投标价作为唯一的选择标准，仅看统计数字、资质文件，而不考虑承包商是否具有有效的安全计划，并缺乏实际考察以证实承包商安全工作的能力。同时，企业在进行承包商安全管理时往往是到了"过程安全管理"这一阶段才对承包商的安全投入力量和资源，对监控安全工作的任务和责任不明确，把承包商视作敌手，而不是伙伴来监控安全工作，主要侧重于违规现象整治而非预防。

第四章 设备安全管理机制

设备安全管理是企业安全管理的重要组成部分。因为企业要生产,没有设备是万万不行的。杜邦认为设备在企业中占有重要的地位,因此,把设备的安全管理作为企业安全管理的核心要素。

设备的质量高低是设备管理好坏的基础,如果设备本身是高质量的、本质安全的,那么在设备的运行维护上必然是事半功倍的。

杜邦设备的完整性是指采用技术改进措施和规范设备管理相结合的方式来保证整个装置中关键设备运行状态的完整性。杜邦设备的完整性是以设备安全为主要载体,融入安全管理技术与安全工程技术,针对使用中的设备,运用危害风险评估等手段,根据设备失效造成人员受伤的过程,进行全面生产保养及设备诊断分析,再根据诊断分析评估、设备诊断及作业规程等方法,使之形成一套较完备的设备安全管理关键要素,确保了工作场所作业人员的安全。

在杜邦设备安全管理要素中,启动前安全检查、设备变革安全管理、使用设备程序的安全培训、设备的质量保证等,这些安全管理要素确保了设备的安全性、完整性。

- ☑ 设备运行更可靠
- ☑ 维修效率更高
- ☑ 工厂运行更安全
- ☑ 运营费用更低

在不影响产量的情况下,年度维护费用降低

非计划停车减少,维护计划合规性提升

杜绝一些反复出现的重大设备可靠性问题

运营效率提升

减少隐患数量

第一节 设备的质量保证

一、杜邦设备质量保证

1. 概述

杜邦的设备管理强调"不仅改善，还要优化"。那么，杜邦的设备管理到底是如何做的呢？这个问题的答案是：基于全生命周期的设备管理。

2. 新设备的质量保证

新设备的质量保证包含的内容如图4-1所示。

图4-1 杜邦新设备质量保证措施

可以看出，相比较通常的设备管理实践，杜邦将设备管理的开始时间提前了，在设备还未见实体时，设备管理已经开始。

（1）设备设计规范。在设备设计规范的选择上，杜邦公司拥有公认的良好的工程实践规范。该工程实践规范针对不同类别的设备，选择适用的地域范围，明确设备在不同生命周期阶段的适用规范，帮助设备管理人员掌握设备在全生命周期管理中应遵守的规范和标准。

杜邦公司并不是要求所有的新设备都要按照质量保证的流程开展工作，为了将有限的时间和精力放在最需要关注的设备上，杜邦公司开展了"设备关键性分析"工作。该工作所使用的工具为"八因子法"。该方法秉承二八法则，从设备失效的概率，失效后对生产和安全的影响，设备修复的费用，设备修复对人员的要求等八个方面对设备的关键性程度进行打分，得出设备的关键性指数，然后根据设备关键性指数的大小决定设备是否为关键性设备。对于关键性设备必须按照新设备的质量保证流程开展工作，对于非关键性设备，将根据实际情况决定是否遵循质量保证流程。

对于确定的关键性设备，杜邦公司应用"设备质量保证计划工具"，在输入设备的类别和一些基本信息之后，该工具会自动产生设备的质量保证计划。该计划明确描述在质量保证阶段需要开展的各项工作。

（2）设备制造过程的质量保证。在设备制造开始之前，设备制造商和杜邦公司应就设备的检查检验计划（ITP）达成协议并写入合同之中。在设备制造的整个过程中，设备的检查检验计划得到严格执行。设备制造过程中发生的任何质量问题，杜邦公司作为业主，必须全程掌握并要求制造商在设备出厂之前得到解决。越是复杂的设备，其检查检验计划越严密和执行越严格。

（3）设备安装过程的质量保证。当设备在施工现场安装时，杜邦公司要求设备安装单位，不仅要拥有相应的施工资质和经验，还要考察该单位在施工合同履行期间是否有足够的资源保证设备安装的顺利进行。对于设备的安装，除了要求施工单位编写相应的施工方案之外，在设备安装的过程中，还安排设备的最终使用者（即运行团队的人员）对设备安装的过程进行跟踪，把握控制关键的质量控制节点。

二、设备质量保证的具体措施

1. 保证设备的质量是设备价值最大化的途径

杜邦公司的设备管理解决方案，通过提升设备的可用率，降低维修的费用和提升维修工作效率来使设备实现价值最大化。

（1）提升设备的可用率。设备只有在运行状态时才能给企业创造价值。一年的时间共计8760个小时，但杜邦公司在对设备一年的运行时间进行统计时发现，很多设备的年运行时间往往不足8760个小时，时间都去哪了，一台设备在一年当中往往要经历计划停车维修和非计划停车修理，设备的年运行时间等于8760小时减去设备的计划和非计划停车时间。杜邦公司设备管理解决方案通过

减少设备的计划和非计划停车时间来提升设备的可用率。

杜邦公司的设备管理始于设备的设计阶段，通过参照《认可和普遍接受的良好的工程实践（RAGAGEP）》选定设备的设计规范。该规范汇集了杜邦公司推荐采用的各种不同类型设备设计规范，是杜邦公司两百多年设备工程实践的经验总结。这些高起点的设计规范，决定了一台设备在诞生就具备了良好的基因，在将来的设备使用过程中，保证了它高的可使用率。

在设备的制造和安装阶段通过实施质量保证计划，确保了设备制造和安装的质量，减少了设备投用以后的非计划停车。设备投用以后的计划停车检修，杜邦公司强调"八分准备，两分实施"，通过优化停车和开车计划，以及对停车检修施工的排程优化来缩短计划停车的时间。

对于投用以后设备发生的非计划停车，杜邦公司通过根本原因分析法找到导致设备非计划停车的物、人和管理系统三个层面的原因，制订行动计划加以改进，防止类似事件再次发生，从而提升设备的可用率。

（2）提升维修工作效率。维修工作的效率提升，意味着在人员和工作时间没有增加的情况下，会有更多的产出。杜邦公司通过统计研究发现，有计划的维修工作的效率是没有计划的维修工作效率的5倍。通过编制详细的工作计划和工作排程，并严格按计划加以实施，对提升维修工作的效率大有帮助。维修工作效率的提升，也意味着相同的维修工作量，其完成时间减少，从而提升了设备的可用率。

（3）减少维修费用。一家企业的年维修费用约为该企业可替换资产总值的2%～2.5%。企业的维修费用来自维修人员劳动力成本和维修备件的费用。

维修人员劳动力成本由劳动力数量和劳动力价格决定，当下劳动力成本不断提升，如何确定合理的维修人员数量成了企业管理人员面临的一道难题。人员配置过多，人浮于事，劳动效率低下，增加维修成本；配置不足，设备得不到及时的维修与保养，将对生产造成影响。杜邦公司通过计算待完成维修工作量与维修人员数量的比值，科学地确定维修人员的数量，取得了很好的效果。

如何合理确定备件的安全库存数量是企业管理人员面临的另一道难题。对于高价值的备件到底该不该买，买多少件，往往取决于经验和领导意见，决策缺乏科学性。其间不乏发生因备件不足，设备无法及时维修而"等备件"的现象，与此同时也有大量的"僵尸备件"长期库存。杜邦公司的备件安全库存数量计算工具解决了这个问题。它从财务的角度出发，将每一次的备件购买看成一笔投资，当投资的回报率高于公司的预期值，就决定购买该备件；当投资的回报率低于公司的预期值，意味着即便是由于没有备件会对生产造成影响，也是在公司的可承受范围内，就不必库存该备件，用时再买。

2.努力实现风险的最小化

企业只要是在运行，其风险就时时刻刻存在。杜邦公司设备管理的解决方案能帮助企业消除风险或使风险最小化。

（1）用"失效模式与影响分析（FMEA）"的方法发现和评估设备风险。针对工厂的设备，采用失效模式与影响分析的方法，开展设备的失效模式与影响分析。先将设备解剖为若干个关键部件，然后分析每一个部件的失效模式、失效频率、失效发生后果以及对于这种失效发生的可探测度。对于失效频率、后果和可探测度，根据评分标准进行打分，然后计算风险优先度指数（RPN值）来判断哪些失效带来的风险是不可承受之痛。对于这些不可承受之痛，在设备失效之前，就采取相应的措施加以防范，从而防止设备失效的发生，降低企业运营过程中的设备风险。

（2）预测性维修及时发现和化解风险。风险既然无时无刻都存在，发现风险就显得尤为重要，它是化解风险的前提。"发现问题比解决问题更重要！"杜邦公司通过对设备开展预测性维修来及时发现设备运行过程中存在的风险并加以消除。

预测性维修是基于设备运行状态而开展的维修活动。设备的运行状态是通过采用一些先进的技术和仪器对设备进行在线检查，并对检查结果进行分析判断，然后决定设备维修时间和维修内容。这些先进的检测技术包括红外热成像检测，润滑油液检测与分析，超声泄漏检测，振动监测与分析等。预测性维修，通俗讲就是对设备进行"体检"，但这种体检是在了解设备的结构和失效模式的基础上，有针对性地、系统地开展，是一种主动性的维修模式。通过对设备的体检发现的问题，往往是设备故障和隐患的初级问题，及时加以解决就能够实现"多保养，少修理""只小修，少大修"的设备维修状态。

（3）全员参与共担风险，实现风险分解。在杜邦公司，设备管理的工作不仅仅是单个部门的事，而是全员的事。通过全员参与设备管理的活动，实现风险分解，从而风险最小化。

这些具体的设备管理活动包括：全员多级的设备巡回检查，操作人员的维修活动，不同专业人员参与维修计划制订等。

（4）基于规程的维修，降低维修风险。设备维修的过程是风险的高发阶段，如何降低维修过程的风险，杜邦公司的解决方案是基于规程的维修，强调在设备维修过程中只有"规定动作"，没有"自选动作"。设备维修的规定动作是杜邦公司多年维修经验的总结，只要按照维修规程的规定去开展维修，就能有效化解维修活动中的风险。

3.提高设备质量的做法

对于一个企业，一流的设备是创造一流业绩的重要因素。杜邦公司对设备的规划、设计和选型都有相关的管理程序，对设计采用的标准，设计遵循的原则，设计审查，设备的选型、配置和计算，设计变更、图纸管理等，均有明确规定。

（1）设备的采购。对关键设备的采购，杜邦公司建立了项目准入制和招投标管理体系，要求具有资质的企业或供货商参与招投标。合同的签订、关键设备的监造以及设备到货的验收检查均具有管理流程。由公司的物资采购部门、物资保管部门和使用部门依据购销合同中的质量要求及公司的有关质量管理规定，针对到货设备的质量进行现场查验、核实、抽样、检测，并对验收结果公示。

（2）物资的保管。物资保管部门按设备分类目录和自然属性分类划区保管。要求温度、湿度条件不同的设备，要分库储存。保管员每季度根据自己所管设备性质和存放时间长短、存放条件等因素做出维护保养计划，避免发生包装破损、渗漏、锈蚀、受潮、污染。

（3）工程质量的控制。对工程项目的施工单位实行准入制，要求具有相应资质。对施工过程进行严格质量监理，保证设备安装质量。参加设备试压、试运行的人员由设备供应商、施工单位、监理单位、建设部门及用户共同组成。施工单位负责试压及外部条件准备；监理单位负责监督与记录；设备供应商根据合同要求对现场进行技术支持；建设部门负责组织和协调试压与调试工作。过程中填写《设备调试记录》《设备强度及严密性试验报告》，经各方签字确认后存档。整个施工过程要按项目进展填写相关的检验表格，详细记录施工过程中出现的问题及解决方法，以备检查。

此外对工程项目建设过程中使用的测量设备也要加以管理，如测量仪器的定期校验、仪器保管等，并定期审核，保证数据的准确性、科学性。

第二节 设备启动前安全检查

一、设备启动前安全检查的要求

设备在启动前为了保证安全运行要做好两大工作：第一，安全评审；第二，安全检查。

1. 设备启动前的安全评审

设备启动前的安全评审，可对新的和修改后的设备提供一个最后核查点，以确认所有与过程安全相关的要素都已得到令人满意的落实，且确保装置开车是安全的。设备启动前的安全评审要求如下。

（1）启动前安全检查（Pre-startup Safety Review，PSSR）工作必须由属地单位组织进行，且必须成立PSSR小组，原则上小组组长由部门负责人担任，副组长由工艺部长担任。小组人员的知识能力应能满足评审项目所有涉及的专业要求。

（2）开展PSSR的时机：新、改、扩建设项目在送能量进行系统单试前，水联运及投料试车前各进行一次PSSR。设备设施检修后、设备变更后、发生过意外事故后的设施和闲置封存的设施再次投入使用前必须进行PSSR。

（3）必须使用经过充分讨论并事先编制好的检查清单进行PSSR。

（4）根据项目规模和任务进行安排，可分阶段、分专项多次实施PSSR。

（5）所有A类必改项必须整改完成并验收后，才能启动或使用。

（6）所有B类遗留项必须整改完成并验收后，PSSR才能彻底关闭。

（7）PSSR报告应能够为相应的操作、维护、技术管理人员共享。

PSSR工作流程见图4-2。

2. 设备启动前的安全检查

设备启动前的安全检查可为新的或改造过的设备提供最终检查，以确保过程安全各要素的要求都得到满足，并保证设备可以安全运行和安全操作。

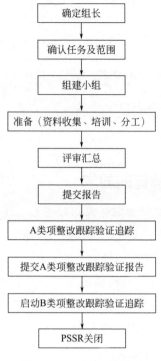

图4-2 PSSR工作流程

(1) 建立高效的PSSR组织。

① PSSR组员,包括公司代表、业务部门代表、工厂人员(工厂运营团队、工厂技术代表、工厂维修代表、工厂安全代表)。

② 项目负责人,包括:HSE代表;项目部成员;PHA(过程危害分析)代表;其他工艺、项目等专业人员。

(2) 实施PSSR的人员。PSSR应按照需要由生产(包括操作工)、技术、设计、维护、安全部门的代表组成的多专业小组来完成。按照需要还可以包括其他人员或专家(如电气、仪表控制、人机工程和软件相关人员)。

(3) PSSR的内容。

① 明确要检查的设施。

② 选定小组领导和小组成员。

③ 对要被检查的设施进行描述,如果是一个改造的设施,变更要标在工艺图上。

④ 确定要检查的过程安全管理要素,并指派适当的小组成员审核各要素。

⑤ 复查最后的过程危害分析。

⑥ 用现场检查表去检查现场设施。

⑦ 对提出的建议进行审核，并取得一致意见。

⑧ 提出的建议要与操作团队一起审核后写入报告，形成文件。

⑨ 生产部门管理层指派专人负责各项建议的落实执行，跟踪并确保它们在开车之前完成。

⑩ 开车之前所有需要纠正的问题整改完成后，生产部门管理层才在报告上签字同意。

二、启动前安全检查规范

启动前安全检查（PSSR）是指在设备实施启动前对所有相关因素进行检查确认，并将所有启动前需解决的项目整改完成，批准启动的过程。

PSSR是搞好企业安全生产的重要手段，其目的就是发现和查明各种危险和隐患，督促整改、堵塞安全漏洞，督促企业各项安全管理制度的实施。PSSR不只是制定一些制度、采取一些措施，进行安全检查不能停留在表面，而应该按照PSSR的规范要求深入下去，实行"走一遭、查一路、保平安"的"闭环式"安全检查，使启动前的事故隐患在"走动"中发现，在现场中解决，确保实现启动前动态安全生产。

（1）目的。为加强设备启动前的安全管理，所有影响工艺、设备安全运行的因素在启动前应被识别并得到有效控制，确保设备安装规范、操作维护准备就绪、人员培训到位、安全信息更新、改进措施落实。

（2）应用领域。应用于所有新、改、扩建项目，工艺、设备变更项目，也可应用于停车检修项目启动前的安全管理。

（3）术语和定义。

① 启动前安全检查（PSSR）。在设备启动前对所有相关因素进行检查确认，并将所有必改项整改完成，批准启动的过程。

② 必改项。指PSSR时发现的，导致不能投产或启动时可能引发安全、环境事故的，必须在启动之前整改的项目。

③ 遗留项。指PSSR时发现的，会影响投产效率和产品质量，并在运行过程中可能引发安全、环境事故的，可在启动后限期整改的项目。

④ 人机工程。指使工作人员与设备、作业工具安全而有效地结合，使环境更适合人员作业，人机界面达到最佳匹配的系统工程。

⑤ 机械完整性。指机械设备、配套设施及相关技术资料齐全完整，设备始

终处于满足安全生产平稳要求的状态。

⑥ 质量保证。指设备达到设计、制造、测试和安装等标准的要求。

⑦ 过程安全信息。指与工艺流程、设备、生产原材料、辅助用料、成品与半成品等的与危害信息有关的安全技术说明书、设备设计依据、操作规程等资料。

（4）职责。

① 各企业应根据规范制定、管理和维护本单位的PSSR程序，企业相关职能部门具体执行PSSR程序，并提供培训、监督、考核。

② 企业HSE部门对规范的执行提供咨询、支持和审核。

③ 企业生产部门执行本单位PSSR程序，并对程序实施提出改进建议。

（5）管理要求。

① 基本要求。

a. PSSR应作为各级单位针对新、改、扩建项目（包括租借）和设备变更、停车检修安全验收的一个必要条件。

b. 根据项目管理权限，应成立相应的PSSR小组，按照事先编制好的检查清单进行PSSR。

c. 根据项目规模和任务进度安排，可分阶段、分专项多次实施PSSR。

d. 启动前的设备应具备以下条件：设备符合设计规格和安装标准；所有保证设备安全运行的程序准备就绪；操作与维护设备的人员得到充分的培训；所有过程危害分析提出的改进建议得到落实和合理解决；所有过程安全管理的相关要求已得到满足。

② PSSR小组组成。

a. 为确保启动前安全检查的质量，应根据项目的进度安排，提前组建PSSR小组，也可根据项目的实际情况分阶段实施检查。

b. PSSR组长由企业相关领导或其指定的人员担任，成员由组长确认并明确每个组员的任务分工。

c. 根据项目实际情况，PSSR小组成员可由技术、设备、电气仪表、检维修、主要操作和安全环保等专业人员组成。必要时，可包括承包商、装置制造商、具有特定知识和经验的外部专家。

③ 安全职责。

a. 项目负责人。为项目启动前的各项安全措施提供足够的资源；与PSSR小组审议并确认所有必改项已整改完成，批准职责范围内的项目启动。

b. PSSR组长。负责制订和实施PSSR计划；组织PSSR计划和审议会；安排PSSR相关人员的任务与进度；跟踪所有需解决项目的完成情况；必要时向上级申请专业人员支持。

c. PSSR成员。参加PSSR计划和审议会；参与制定检查清单，并对照检查清单进行审核；确认所有启动前必改项和遗留项的解决方案；确认所有必改项已整改完成。

d. HSE专业人员。参与制定PSSR清单；协助对员工进行PSSR培训；参与对HSE专项设施和HSE基本要求落实情况的检查。

④ 主要检查内容。PSSR小组应针对设备的特点，制定PSSR清单。主要包括以下内容。

a. 工艺技术。所有过程安全信息（如危险化学品安全技术说明书、设备设计依据等）已归档；过程危害分析建议、措施已完成；操作规程和相关安全要求符合工艺技术要求并经过批准确认；工艺技术变更经过批准并记录在案，包括更新工艺或仪表图纸。

b. 人员。所有相关员工已接受有关HSE危害、操作规程、应急知识等的培训；承包商员工得到相应的HSE培训，包括工作场所或周围潜在危害及应急知识；新上岗或转岗员工了解新岗位可能存在的危险并具备胜任本岗位的能力。

c. 设备。设备已按设计要求制造和安装；设备运行、检维修、维护的记录已按要求建立；设备变更引起的风险已得到分析，操作规程、应急预案已得到更新。

d. 事故调查及应急响应。针对事故教训制定的改进措施已得到落实；确认应急预案与过程安全信息相一致；相关人员已接受培训。

⑤ PSSR计划会议。PSSR组长应召集所有组员召开计划会议。主要内容包括：介绍整个项目概况；审查并完善PSSR检查清单内容；明确组员任务分工；明确进度计划；确认其他相关方的资源支持。

（6）实施检查。检查分为文件审查和现场检查。PSSR组员应根据任务分工，依据检查清单对设备进行检查，将发现的问题形成书面记录并明确检查内容、检查地点、检查人。

（7）审议会。

① 完成PSSR检查清单的所有项目后，各组员汇报检查过程中发现的问题，审议并将其分类为必改项、遗留项，形成PSSR综合报告，确认启动前或启动后

应完成的整改项、整改时间和责任人。

② 分阶段、分专项多次实施的 PSSR，在项目整体 PSSR 审议会上，应整理、回顾和确认历次 PSSR 结果，编制 PSSR 综合报告。

③ 所有必改项已经整改完成及所有遗留项已经落实监控措施和整改计划后，方可批准实施启动。

（8）批准和跟踪。

① 所有必改项目完成整改并确认后，PSSR 组长将检查报告移交给项目负责人。根据项目管理权限，由相应责任人审查并批准设备启动。

② PSSR 组长和项目负责人跟踪 PSSR 遗留项，并检查其整改结果。

（9）文件整理。对于涉及变更的整改项，应将相关图纸、设计文件等进行更新并归档。遗留项整改完成后，应形成书面记录，与 PSSR 清单、综合报告一并归档。

第三节 设备的完整性

一、什么是设备完整性

1. 设备基础数据库的采集是设备完整性管理的基础

想要完全"驾驭"一台设备，首先我们需要了解设备的性能，操作方法，维护方案以及运行环境和参数。设备数据主要包含设备技术档案、设备维护记录、基础设备台账、设备完整性月报、设备鉴定证书、设备合格证、设备说明书等资料。详尽的设备数据库为日后生产中设备故障的判断和维修、设备的更新换代提供重要依据。

2. 动静设备分级管理

在设备完整性管理规定中要求对工艺设备进行分类管理和按照设备的边界和分级进行管理。将同类设备，相同属性的设备划归为一种管理方法，这样大大提高了设备管理的效率，为基础管理提供了方便。但是在日常维护和运行中，特定的生产流程下，动态设备和静态设备的维护方法和常见故障却大不相同。这就需要对转动设备和静止设备进行分类管理。对于静止设备，通过量化判断每个设备的风险，将具有相似失效频率和失效后果的设备分类管理，分类维护和检测，并制订相应的检修计划和维护计划，以便减少设备停用时间。对于动态设备，设备可靠性随服役年限和维修次数的增加而降低，而动态部件的维修次数和服役年限和静态设备的大不相同，运行的环境和条件也不尽相同，对同类动态设备或设备的动态部件进行分类管理、定期维护和更换是很有必要的，同时也将大大提高设备的完好率。分类管理动态设备和静态设备会提高设备管理的全面性。

3.基于风险的检验和可靠性的维护是设备完整性管理的目的

　　设备的故障和损坏都是从易坏部件或者不可替换部件开始的，那么对于特殊部件的专有维护方法便成为延长设备整体寿命，提高设备整体可靠性的关键。这种维护方案可谓是"私人定制"，同样的设备所处的生产环境不同，操作运行的频率不同，维护方案也将不同。每台设备的运行情况都不相同，设备的完好性和可靠性都不得而知，因此对于设备的定期检验是十分必要的。在这个层面上来说，设备的风险检验和可靠性维护是同等重要的。鉴于不确定的风险和不确定的可靠性，需要基于保证设备可靠性的预防性维护，建立维护及运行状态数据库。将设备的日常维护转变成基于保证设备可靠性的动态维护。这样可以降低设备的故障率，提高设备的可靠性。

二、设备完整性管理体系

　　设备完整性管理体系是杜邦公司在所属企业推广的全生命周期设备管理系统。该体系已经在杜邦公司所属的企业推广运行，成效良好，设备故障率大幅下降。

　　建立设备完整性管理体系，就是在设备管理方面推进设备管理体系化、规范化、现代化。设备完整性循环管理体系见图4-3。

三、在役设备的机械完整性

1.机械完整性

　　机械完整性是指设备的机能状态，即设备正常运行情况下应有的状态。为保证设备的机械完整性，需要工作规范、标准统一，并有可操作性。装置或系统的设备完整性贯穿设备设计、制造、安装、使用、维护、修理、检验、变更，直至报废的全过程。设备的完整性状态是动态的，因此，机械完整性强调持续改进。

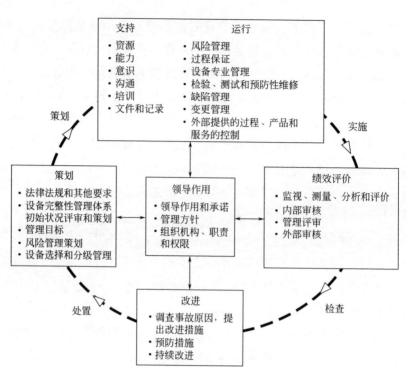

图4-3　杜邦设备完整性循环管理体系

在设备投入使用以后，杜邦公司从预防性和预测性维修、可靠性工程、修理与变更管理方面提出对设备维护和保养的需求；在设备维护与修理实施的过程中，从维修规程的遵守，备品备件管理和人员培训等方面保障设备的机械完整性。见图4-4。

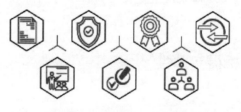

图4-4　杜邦在役设备的机械完整性

机械完整性和质量保证流程见图4-5。

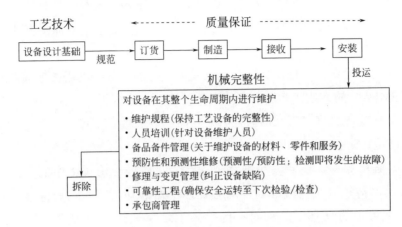

图4-5 机械完整性和质量保证流程

（1）预防性和预测性维修。预防性和预测性维修，一个是基于设备运行时间而开展的维修活动，另一个是基于设备运行状态而开展的维修活动。杜邦公司根据设备投入使用后的生命周期，在不同的阶段采用不同的维修策略。设备全生命周期见图4-6。

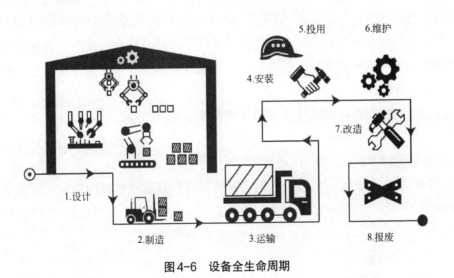

图4-6 设备全生命周期

（2）可靠性工程。

在杜邦公司，设备的可靠性工程分为两类：一是被动性的可靠性工程；一是主动性的可靠性工程。

被动性的可靠性工程，是针对已经发生了失效的设备，采用事故树（WHY-TREE）的方法，开展失效根本原因分析，查找设备、人员、管理系统三个层面的原因，并采取相应的措施，防止类似失效再次发生，从而提升设备的可靠性。

主动性的可靠性工程，是针对尚未发生故障的设备，采用失效模式与影响分析（FMEA）的方法，开展设备的失效模式与影响分析。这个分析是量化的，通过计算风险优先度指数（RPN）值来判断哪些失效是不可接受的，并采取措施加以防范，防止失效的发生。

（3）维修规程。杜邦编写维修规程是为了降低维修过程中的风险，要求维修人员严格按照维修规程的要求去开展维修活动，因此每一份维修规程都是与一个特定的维修活动相对应的。为了培养维修人员遵守维修规程的习惯，杜邦公司还辅之以外力，通过工作循环检查的方法不断强化维修人员遵守规程。

（4）备品备件管理。为了保证备件的质量严格受控，做到"该有必有，有则好用"，杜邦公司对备件的供应商、备件的接收检查、备件的存储与发放都有其独特的做法。其中备件的存储，杜邦公司针对不同类别的设备确定了备件的货架寿命，对于存储时间达到和超过货架寿命的备件，坚决予以销毁。同时对存放在仓库里的备件，开展定期的检查和测试，以保证备品备件的可使用性。

（5）修理与变更管理。对损伤的设备或零部件及时进行修理，以保证设备的正常运行，达到机械设备的完整性，对修理后的设备及零部件按照变更管理的要求进行管理。

（6）人员培训。对机械设备的管理及操作人员都要进行足够的培训，以使员工了解机械设备的结构、掌握安全操作方法，以保证机械设备的完整性、安全和正常运行状态。

（7）承包商管理。机械设备的完整性管理包括对承包商的管理。因为承包商承包了工程，当然包括工程中的设备机械，承包商理应对机械设备的完整性负责。

2.杜邦的大修管理

对于一个在役的工厂，其设备除了正常运行的状态，还有就是大修的状态。杜邦公司的大修管理方法如下。

（1）八分准备两分实施。相对于大修实施阶段的管理，杜邦公司更加注重大修准备阶段的管理。杜邦公司认为，大修准备阶段的管理对大修具有重要意义。在整个大修管理的过程当中，杜邦公司将百分之八十的时间和精力用在了大修的准备阶段。大修的准备阶段包含了初步计划阶段，详细计划阶段和计划审核阶段。每一阶段都明确工作任务，开始、完成时间。

（2）杜邦大修流程。首先成立大修管理组织，大修组织成立后是制订大修计划，包括大修任务清单和工作计划的编写，大修工程和工作包的准备，大修备件的采购，人员的确定与培训，最后才是大修的实施。

杜邦公司将机械完整性作为一项重要元素纳入整体的杜邦安全管理体系中，用多年的生产运营实践经验不断验证和改进机械完整性的管理理念和方法，并且通过和质量保证的结合，实现对设备全生命周期的全覆盖管理。

杜邦公司在多年的机械完整性实践中，总结出有效执行机械完整性和质量保证的经验。杜邦公司机械完整性管理方法见图4-7。

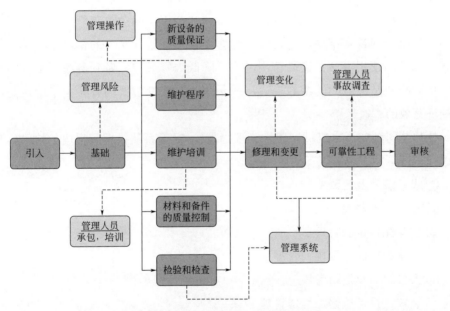

图4-7　杜邦公司机械完整性管理方法

引入机械完整性管理之后，首先需要考虑整个系统的可靠性，结合过程安全完整性和过程危害分析等管理风险的评估方法，对设备的风险进行识别与评估，了解装置运行中的风险主要来自哪些设备及风险等级，掌握其失效机理，确定有效的检测方法和频率，合理分配检维修资源，同时要了解设备在运行中应达到如何的运行状态、如何技术改进和管理等来保证设备处于一个良好的运行状态。机械完整性强调确保一个工厂或一套装置的设备整体完整性，涵盖设备生命周期的每一阶段，而且需要根据不同的生命阶段制定相应的维护保养方案；机械完整性倡导"预防"重于"治疗"，针对工厂内每一台关键设备，都需要制订出预防性的维护计划，并建立维护保养程序文件，其相关维护记录应妥善保存，并要求员工依照标准作业程序执行。基于风险评估制定相应的管理流程、维护程序和工程标准之后，相关专业人员应该接受系统性和针对性的培训，严格按照最佳实践的要求进行管理，包括外部标准和内部维护程序的应用。

四、如何实现设备的完整性

杜邦企业所实施的设备管理与维修模式有：以可靠性为中心的维修（RCM）、全员生产维修（TPM）、及时维修（JIT）等。设备管理与维修大体可以分为四类：一是事后维修，二是预防维修，三是预知维修，四是改善型维修。杜邦已经由预防维修向预知维修发展，即在掌握现场设备运行状况的情况下尽量延长设备各部件的使用寿命，提高在用时间，降低维修成本，做到寿命周期费用最低。事后维修是最原始的维修模式，在一些简易或价值低的设备中采用也是比较经济有效的。

杜邦公司制定了《机械完整性管理指南》，对设备从投用到报废的检维修管理进行了规范，主要有以下内容：

① 设备编号及台账；

② 设备技术档案；

③ 备品配件定额管理；

④ 设备维护保养规程的管理；

⑤ 人员培训及资格考核；

⑥ 装置、设备检修、维修管理；

⑦ 设备的变更管理；

⑧ 启用前的安全检查；

⑨ 异常原因及可靠度分析；

⑩ 维修记录归档；

⑪ 报废物资的处理。

与此同时，杜邦公司也在不断地修订完善关键设备的检维修规程，做到规程的科学、合理、有效，以此确保设备的完整性。

第四节 设备变更安全管理

一、基本知识

1. 设备变更

设备变更涉及技术、设备设施、过程参数等不超出现有设计范围的改变（如压力等级改变、压力报警值改变等）。

2. 设备变更范围

① 改变设备设施设计负荷。

② 改变监控、控制系统。

③ 改变安全装置位置或设定值。

④ 试验及测试操作。

⑤ 改变设备附件、材料。

⑥ 改变设备布局或固定方式等。

3. 设备变更分类

① 同类替代。完全符合设计规格，基本没有影响。

② 一般变更。设计范围内的改变，影响有限。

③ 重大变更。超出设计范围内的改变，影响较大。

4. 设备变更职责

① 同类替代。由基层单位组织实施。

② 一般变更。由基层单位负责人申请，二级单位工程技术主管部门或装备主管部门负责审批，基层单位组织实施。

③ 重大变更。由二级单位提出申请，上报公司相关的主管部门，报公司领导审批，二级单位组织实施。

5. 设备变更管理

公司确定设备重大变更清单，各二级单位确定本单位设备一般变更清单，各基层单位确定本单位设备同类替代清单。

二、杜邦设备变更程序

1.定义

设备变更是指影响较小，不造成任何技术、设备设施、过程参数等超出现有设计范围的改变，但又不是同类替换的变更，即在现有设计范围内的改变。

2.变更范围

（1）生产能力的改变；

（2）物料的改变（包括成分、比例的变化）；

（3）化学药剂和催化剂的改变；

（4）工艺和设备设计依据的改变；

（5）设备或工具的改变；

（6）过程参数的改变（如温度、流量、压力等）；

（7）安全报警设定值的改变；

（8）仪表控制系统及逻辑的改变；

（9）软件系统的改变；

（10）安全装置及安全联锁的改变；

（11）非标准的（或临时性的）维修；

（12）操作规程的改变；

（13）试验和测试操作的改变；

（14）设备、原材料供应商的改变；

（15）运输路线的改变；

（16）装置布局的改变；

（17）产品质量的改变；

（18）设计和热安装过程的改变；

（19）其他改变。

3.变更申请、审批

（1）变更申请。变更申请人初步判断变更类型、影响因素、范围等情况，按分类做好实施变更前的各项准备工作，提出变更申请。

（2）变更审批。变更应充分考虑对安全、健康与环境的影响，并确认是否需要HSE评价。对需要做过程危害分析或HSE评价的，分析和评价结果应经过审核，并得到同级主管领导的批准。

（3）变更实施风险管理。根据变更影响范围的大小，以及所需配备资源的多少，将变更分为同类替代和微小变更两类，由基层单位管理。

（4）变更审批内容。

① 变更目的；

② 变更涉及的相关技术资料；

③ 变更内容；

④ 对安全、健康、环境的影响；

⑤ 涉及操作规程修改的，审批时应提交修改后的操作规程；

⑥ 对人员培训和沟通的要求；

⑦ 变更的限制条件（如时间期限，物料数量等）；

⑧ 强制性批准和授权要求。

4.变更实施

（1）按照变更审批确定的内容和范围实施，并对变更过程实施跟踪。

（2）作业许可。变更涉及作业许可的，应办理相关的作业许可，如特殊作业。

（3）启动前检查。变更实施者涉及启动前安全检查的，按本章第二节"设备启动前安全检查"中的要求执行。

（4）完成变更。在设备运行前完成变更，应对变更影响或涉及的人员进行培训和沟通。必要时，针对变更制订培训计划，培训内容包括变更目的、作用、程序、内容、可能产生的风险或影响，以及同类事故案例。变更涉及的人员有：

① 变更所在区域内的人员，如维修人员、操作人员等；

② 变更HSE管理涉及的人员，如设备管理人员、培训人员等；

③ 相关的直线组织管理人员；

④ 承包商；

⑤ 外来人员；

⑥ 供应商；

⑦ 相邻装置（单位）或社区的人员；

⑧ 其他相关人员。

（5）变更所在区域或单位应建立变更工作文件、记录，以便做好变更过程的信息沟通。典型的工作文件、记录包括变更管理程序、变更申请审批表、风险评估记录、变更登记表以及设备变更结束报告等。

5.变更结束

变更实施完成后，应对变更是否符合规定内容，以及是否达到预期目的进行验证，提高设备变更结束报告的质量，并完成以下工作。

① 所有与变更相关的技术和设备等信息都已更新；

② 规定了期限的变更，期满后应恢复变更前的状况。
③ 试验已记录在案。
④ 确认变更结果。
⑤ 变更实施过程的相关文件归档。

三、杜邦设备变更管理

在设备变更的安全管理系统中，杜邦认为设备变更管理是非常重要的一个环节。设备变更为了方便操作、降低成本、改善品质，不论是硬件（设备、材料）的更改或是软件（操作条件）的更改，都可能对设备原先的安全防护或执行危害评估产生影响，甚至使之完全失效而发生危害事故。

1. 设备变更的目的

加强对生产设备的管理，使各系统的设备符合实际要求，便于人员及时掌握设备和系统的变更情况，加强安全技术责任制，严格安全技术纪律，加强固定资产管理，确保设备和系统正常、安全、稳定运行。

2. 设备变更适用范围

适用于杜邦公司内所有设备的变更、更新、拆除等设备变更的管理工作。

3. 设备变更责任分工

①设备管理部人员。对生产内需要变更的设备进行检查，及时上报。②部门经理。对需要变更的设备进行核查。③财务部。对变更设备进行备案管理。

4. 管理内容

①对折旧期已过，过度使用、自然磨损造成设备部件同步老化，硬件故障，因事故原因无法正常使用，性能不足的设备及时进行设备变更。②对特殊需要的设备做到定期变更。③对所有设备的变更做好详细记录。

5. 设备变更流程

① 由财务部人员对有变更需要的设备进行检查、确认，对达到变更需求的设备进行记录，填写设备变更申请单并提交部门经理。②部门经理对需要变更的设备现场审核，确认无误后在设备变更申请单上签字确认，并提交生产技术部主任。③设备部经理接收到设备变更申请单后审核签字，并提交到直属领导。④直属领导对设备变更申请单批准签字，再交给生产副总裁。⑤最后由生产副总裁对设备变更申请单进行审批。⑥生产副总裁审批后方可对需要变更的设备进行更换。⑦财务部对变更设备进行备案。⑧设备变更后由设备部人员对变更后的设备检查验收。设备变更单申请单样式见表4-1。

表4-1 设备变更申请单

使用单位			报备日期	
管理部门			联系人	
联系地址/传真			邮编	
变更状态类型	□报停 □拆除及其他	□报废	状态变更原因	
设备类型			设备数量	
使用状态变更设备清单					
序号	设备类别	设备名称/型号	出厂编号	变更前状态	变更后状态	使用截止日期

以上第____号____台设备报废变更使用状态（此表不够填写，可另附页）

安全责任声明：以上设备状态变更情况属实，在设备停用期间，我部将严格执行设备停用管理制度，不擅自启用，对停用期间的设备安全负完全责任。在停用期满前，需重新启用的，我部将按规定申请定期检验，经检验合格和批准后，才能启用。

单位负责人：（签字）　　　　年　月　日

6. 变更涉及的安全、健康和环境问题

（1）说明变更所带来的安全问题及解决之道。

（2）如果设备内的介质涉及新化学品，必须经过企业安全监管部门审核批准后才能使用，并准备好该物质的化学品安全技术说明书。

（3）考虑新化学品的各种效应、新的状况下产能的变化及设备的适应性，例如：泄压装置、热传能力等。必须强调设备变更后的状况及对安全造成的影响。

（4）说明可能产生更多的污染物或需要使用更多的化学品来防治污染，必要时咨询环保工程师或提供简单的质能平衡的计算书。

7. 设备变更对生产及维修的影响

（1）是否需要生产技术员特殊的照料，变更操作的变化，对半成品的影响，这些都将对产能产生影响。

（2）设备变更后的耐用性是否发生变化，如维修备品库存的变化，若造成库存备品的废弃，应说明其数量及新增加的成本，预防保养制度变化、维修人员培训等问题。

（3）设备变更后，操作者要经过变更设计人员和安全管理人员的精心培训，并在生产现场进行实际操作，取得操作经验并熟悉变更后设备的特性后，才能熟练地使用设备。

8.设备变更的审核与评估

设备变更提案人填写变更申请书并在规定的审查项目内加以必要的说明、解释、评估之后，在申请表格所附的检查表上勾选出能够满足执行变更需要的文件，及必须更改的文件与图纸等资料。完成了设备变更提案申请，将提案交给协调人，协调人将所勾选的资料收齐附在设备变更申请书上，送给指定的审查人进行审查。

各专业审查人员的专业知识与经验也在审查范围内。审查人员需要指出为达到预期结果可能出现的问题并给出解决方法。在提案前的协调会议中要确定设备变更项目的协调人及审查人。协调人要负责传递文件给所有的审查人，审查人并在预定的时间内完成审查。

9.设备变更的核准

设备变更的核准人最后收到变更申请书表，他要审阅各审查人所提的建议，并决定此变更申请书表是否要重写，如需重写，通常是各审查人的意见有分歧而没有交集，核准人会退回要求重写。提案人收回原稿并召集各审查人开会协调重写，重写后的建议、原封面页、后来审查的意见，以及依照检查表勾选的文件、图纸一并交给核准人，人员审查意见在变更结案时一并归档。在交与核准前，设备变更案协调人要仔细过滤所有的审查建议及文件、图纸等是否能满足执行变更的需要。

10.设备变更的执行

核准的设备变更申请文件交由变更协调人开出工作单，开始执行设备变更工作。协调人要协调可用的资源去达成预期的结果，同时要保留执行过程的观察、测试、记录及结果，以便去评估此设备变更的成功与否。

第五章 过程安全管理机制

　　杜邦过程安全管理是对生产工艺综合运用管理体系和管理控制（制度、程序、审核、评估），使得过程危害得到识别、理解和控制，从而达到预防工艺事故和伤害发生的目的。

　　过程参数是安全生产的重要依据，掌握好过程数据能控制事故的发生，能优化生产的运行，能取得较为满意的安全生产效果和优质的产品产量。

　　杜邦过程安全管理是以风险管理为基础，以风险评估为工具，以风险值为决策依据，对整个工艺装置的生命周期的全程管理。换言之，是从生产装置的设计、建设、生产运行到废弃拆除，采用前置性的策略，保证生产过程从运行的第一刻开始就是安全的。

　　杜邦过程安全管理要素涵盖了在生产性组织结构中进行高危害管理所需处理的所有关键内容，这些内容的核心是杜邦管理层的承诺和领导力。

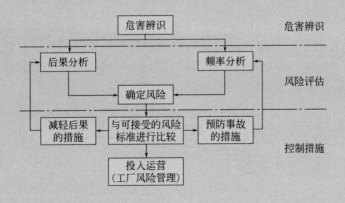

第一节 过程安全信息管理

过程安全信息管理是涉及信息的采集、沟通、应用、维护的管理过程。过程安全信息要素的推进是通过系统的管理流程的执行和严格的操作纪律的遵守来实现的,即通过有目的、有计划的信息采集,及时充分的沟通培训,严格的应用执行,系统的分析总结和动态的维护、评审,积累、总结、传承工艺设计、施工、投运、操作、维修、改进等过程管理经验,有效指导设备管理决策,从而全面有效地识别、预防和控制各种风险,从设备管理角度实现信息驱动的精细化安全管理的目的。

一、过程安全信息包含的内容

1.化工过程及产品参数

因为杜邦主要从事化工生产,在化工生产过程中涉及的化学反应极为复杂多变,其安全性要求极高,因此,原料的各种参数、化工过程的各种参数以及产品的各种参数等共同构成了过程安全信息。

(1)化学品及企业标识。主要标明化学品企业的名称、地址、电话号码、应急电话、传真和电子邮件地址,建议同时标注供应商的产品代码。该部分还应说明化学品的推荐用途和限制用途。

(2)危险性概述。主要包括化学品主要的物理和化学危险性信息,以及对人体健康和环境影响的信息,如果已经根据GHS分类❶对化学品进行了危险性分类,应标明GHS危险性类别,同时应注明GHS的标签要素,如象形图或符号、防范说明、危险信息和警示词等。象形图或符号如火焰、骷髅和交叉骨可以用黑白颜色表示。GHS分类未包括的危险性(如粉尘爆炸危险)也应在此处注明。应注明人员接触后的主要症状及应急综述。

(3)成分/组成信息。该部分应注明该化学品是纯净物还是混合物。如果是纯净物,应提供化学名或通用名、美国化学文摘登记号(CAS号)及其他标

---

❶ GHS分类,全球化学品统一分类和标签制度分类。

识符。如果某种纯净物按GHS分类标准分类为危险化学品，则应列明包括对该纯净物的危险性分类产生影响的杂质和稳定剂在内的所有危险组分的化学名或通用名，以及浓度或浓度范围。

如果是混合物，不必列明所有组分。

按GHS标准被分类为危险的组分，若其含量超过了浓度限值，应列明该组分的名称信息、浓度或浓度范围。对已经识别出的危险组分，也应该提供被识别为危险组分的那些组分的化学名或通用名、浓度或浓度范围。

（4）急救措施。该部分应简要描述接触化学品后的急性和迟发效应、主要症状和对健康的主要影响，必要时应采取的急救措施及应避免的行动。如有必要，本项应包括对施救者的忠告和对医生的特别提示，还要给出及时的医疗护理和特殊的治疗方案。

（5）消防措施。该部分应说明合适的灭火方法和灭火剂，如有不合适的灭火剂也应在此处标明。应标明化学品的特别危险性（如产品是危险的易燃品），特殊灭火方法及保护消防人员特殊的防护装备。

（6）泄漏应急处理。指化学品泄漏后现场可采用的简单有效的应急措施、注意事项和消除方法。包括：作业人员防护措施、防护装备、应急处置程序、环境保护措施、泄漏化学品的收容、清除方法、所使用的处置材料及提供防止发生次生危害的预防措施。

（7）操作处置与储存。操作处置——应描述安全处置注意事项，包括防止化学品与人员接触、防止发生火灾和爆炸的技术措施和提供局部或全面通风、防止形成气溶胶和粉尘的技术措施等，还应包括防止直接接触不相容物质或混合物的特殊处置注意事项。储存——应描述安全储存的条件（适合的储存条件和不适合的储存条件）、安全技术措施、同禁配物隔离储存的措施、包装材料信息（建议的包装材料和不建议的包装材料）。

（8）接触控制和个体防护。列明容许浓度，如职业接触限值或生物限值；减少接触的工程控制方法；推荐使用的个体防护设备，如呼吸系统防护、手防护、眼睛防护、皮肤和身体防护，应标明防护设备的类型和材质。

化学品若只在某些特殊条件下才具有危险性，如量大、高浓度、高温、高压等，应标明这些情况下的特殊防护措施。

（9）理化特性。该部分应提供以下信息：化学品的外观与性状，例如，物态、形状和颜色；气味；pH值，并指明浓度；熔点/凝固点；沸点、初沸点和沸程；闪点；燃烧上下极限或爆炸极限；蒸气压；蒸气密度；密度/相对密度；

溶解性；n-辛醇／水分配系数；自燃温度；分解温度；必要时，应提供数据的测定方法。

（10）稳定性和反应性。该部分应描述化学品的稳定性和在特定条件下可能发生的危险反应。比如：应避免的条件（如静电、撞击或振动）；不相容的物质；危险的分解产物，一氧化碳、二氧化碳和水除外。

（11）毒理学信息。该部分描述使用者接触化学品后产生的各种毒性作用（健康影响）。应包括：急性毒性；皮肤刺激或腐蚀；眼睛刺激或腐蚀；呼吸或皮肤过敏；生殖细胞突变性；致癌性；生殖毒性；特异性靶器官系统毒性（一次性接触）；特异性靶器官系统毒性（反复接触）；吸入危害。潜在的有害效应，应包括从毒性值（例如急性毒性估计值）测试观察到的有关症状、理化和毒理学特性。

（12）生态学信息。该部分提供化学品的环境影响、环境行为和归宿方面的信息，如：化学品在环境中的预期行为，可能对环境造成的影响／生态毒性；持久性和降解性；潜在的生物累积性；土壤中的迁移性。

（13）废弃处置。该部分包括为安全和有利于环境保护而推荐的废弃处置方法信息。这些处置方法适用于化学品（残余废弃物），也适用于任何受污染的容器和包装。

（14）运输信息。该部分包括国际运输法规规定的编号与分类信息，这些信息应根据不同的运输方式，如陆运、海运和空运进行区分。应包含以下信息：联合国危险货物编号（UN号）；联合国运输名称；联合国危险性分类；包装组（如果可能）；是不是海洋污染物；与运输或运输工具有关的特殊防范措施。

（15）法规信息。该部分应标明使用本化学品安全技术说明书（SDS）的国家或地区中，管理该化学品的法规名称。提供与法律相关的法规信息和化学品标签信息。

（16）其他信息。该部分应进一步提供上述各项未包括的其他重要信息。例如：可以提供需要进行的专业培训、建议的用途和限制的用途等。参考文献可在本部分列出。

2.过程安全管理

过程安全管理（PSM）的核心在于辨识、发现风险并对风险进行控制。对风险的理解依赖于准确的过程安全知识，而收集、保存和维护过程相关的安全信息是理解和辨识风险的基础。过程安全信息产生于工艺生命周期的各个阶段，是识别与控制危害，实施过程安全管理的重要依据。诸如过程危害分析、变更管理、编制安全操作规程、启动前安全检查、培训等工作都需要参考过程安全信息。

过程安全管理是基于风险的安全管理，其运用管理系统和控制（规划、程序、审核、评估）于一个生产过程，使过程危害得到识别、理解和控制，使与工艺相关的伤害和事故得到预防。整个过程需要全员的参与，并对安全绩效有高度的预期。通过全过程理解危险及风险，进一步采取措施控制风险，并在过程中对过程安全事件、滞后指标等进行审查和总结，总结经验教训，持续改进，从而使企业的过程安全管理始终向前推进。它是非指令性的，也就是说在法律法规所规定的框架内，PSM具体实施的细节依企业而定。针对不同的化工企业，它的具体实施细节、过程均不相同，相同的部分只是它要求企业力所能及地实施过程安全管理，并尽量去避免事故。而由于零风险的过程是不存在的，所以过程安全管理一定是一个持续的、不间断的过程，在整个生命周期中，PSM工作总有提升的空间。

3.过程安全信息主要内容

过程安全信息（PSI）资料始终要保持最新版本，为PSM其他要素提供准确、完整的信息资料，如新建项目、改（扩）建项目（包括中/扩试研发项目）、现有运行的生产设施、车间的日常工艺变更等，都需要收集最新的PSI资料。PSI主要包括：化工过程中涉及的所有物料的危害性、过程技术信息（工艺设计基础）、工艺过程设备信息（设备设计基础）等。过程安全信息管理模型见图5-1。

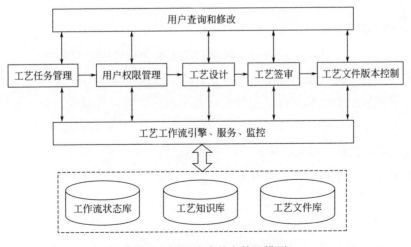

图5-1 过程安全信息管理模型

（1）危险化学品相关信息至少应包括以下内容：

① 毒性；

② 接触暴露限值（PEL）；

③ 物性数据（沸点、蒸气压、相对密度、闪点、临界压力温度、自燃点等）；

④ 反应特性（文献研究、实验特性）；

⑤ 腐蚀性数据；

⑥ 热稳定性及化学稳定性；

⑦ 与其他物质混合时的不良后果（化学品相容性表）。

这些信息在研发开始就应该被收集。可以通过文献研究、实验研究来获取并积累。危险化学品相关信息可以从物料安全技术说明书（MSDS）上获得，如果MSDS中缺乏必要的信息，可以通过权威书刊或制造商获得这些缺少的信息。

（2）过程安全信息。过程安全信息通常包含在操作程序手册、培训材料或其他类似的文件中，每个系统至少包括以下过程安全信息：

① 工艺流程图（PFD），工艺流程简述；

② 主要设备及单元操作；

③ 操作单元之间的相互关系；

④ 工艺物料的基本路线；

⑤ 公用工程（冷却水、蒸汽、热水、氮气和仪表空气等）；

⑥ 工艺流程图的化学原理资料；

⑦ 设计的物料最大储存量；

⑧ 安全操作范围（温度、压力、液位、流量和组分等）；

⑨ 偏离正常工艺状况的评估（包括对员工安全和健康的影响）；

⑩ 反应热风险评估（通常针对合成类的工艺过程）。

过程安全相关信息可以从工艺设计人员那里获得，包括各个专业的详细图纸、文件和计算书等。

（3）设备信息。每套设施提供以下图纸或信息：

① 材质（通常包括在设备规格文件中、设备清单中、P&ID图中）；

② 带控制点的管道仪表流程图（P&ID图）；

③ 电气设备危险等级区域划分图；

④ 泄压系统设计及设计基础（泄压装置本身相关的信息，包括泄压装置的

规格文件及其所附带的设计计算书；泄压装置上、下游相连管道的信息，包括上、下游相连接的设备、阀门和相关的压降计算）；

⑤ 通风系统的设计图；

⑥ 设计所依据的标准与规范（工厂工艺系统和设备设计时所依据的设计标准和规范）；

⑦ 物料平衡与能量平衡表（通常采用表格或流程图的形式表示）；

⑧ 计量控制系统。

（4）安全系统（如连锁、监测和抑制系统等），主要包括但不限于以下内容：

① 管道与设备的切断与隔离（盲板、双阀、阀门锁和铅封），相关文件应说明阀门和盲板的目的、阀门和盲板的位置、操作时对阀门和盲板的影响；

② 手动或自动氮气置换系统，相关文件应说明置换系统使用条件、何时及如何进行手动操作等；

③ 安全连锁系统；

④ 紧急停车系统，包括紧急停车按钮、本地或遥控切断阀门等；

⑤ 泄漏和火灾监测系统（有毒可燃气体监测系统及着火监测系统），相关文件应说明监测的区域、监测点的位置（在平面图上标注）、报警设定值和对检测结果的响应方式（如声光报警、自动开启消防系统等）；

⑥ 被动防火系统（喷淋系统、消防栓、灭火器箱、消防水炮、泡沫系统等），相关文件应说明这些消防设施的位置和数量、覆盖的区域，如何手动开启这些系统，消火栓和消防水炮的消防水流量；

⑦ 应急公用工程及备用系统，相关文件应说明应急公用工程及备用系统的目的、备用系统的位置、自动备用系统的启动条件及何时如何使用手动系统。

其他安全系统包括阻火器、接地等。

设备信息可以从设计单位、工程部、保安消防部、装备部或设备供应商处获取相关资料，包括设备手册或图纸、消防图纸、计算书等。

4.如何实施PSI管理

PSI管理适用于所有涉及危险化学品的活动，包括使用、存储、生产和操作等。通过防止危险化学品的泄漏，来保证设施安全，诸如化工厂、炼油厂、天然气加工厂、海上钻井平台等，使其得到安全的设计和运行。与常见的职业安

全管理体系、应急处理体系不同，PSI管理专注于预防重大事故，如火灾、爆炸、有毒化学品泄漏等。通过对设施整个生命流程中各个环节的管理，从根本上减少或消除事故隐患，从而提高设施的安全。

PSI管理不是一个由管理层下达到其雇员和承包商工人的管理程序，这是一个涉及每个人的管理程序。关键词是"参与"，绝对不是仅仅沟通。所有管理人员、雇员和承包商工人都为PSI管理的成功实施负有责任。管理层必须组织和领导初期的启动，但雇员必须在实施和改进中充分参与进来，因为他们是对工艺如何运行了解最多的人，必须由他们来执行建议和变动。如内部职能部门和外部顾问这样的专家组可以针对特定领域提供帮助，但PSI管理从本质上来说是生产管理部门自己的职责。

PSI的获取和保存应该从工艺的生命周期开始进行，直到生命周期结束。从早期实验室进行的试验研究、工艺路线选择、稳定性研究（包括失控反应风险）等工作，到其中试扩大、试生产、正式运营投产，都必须持续不断地收集信息。生命周期内的每一个环节，与安全相关的信息均必须被收集并积累下来。

杜邦PSI管理内容见图5-2。

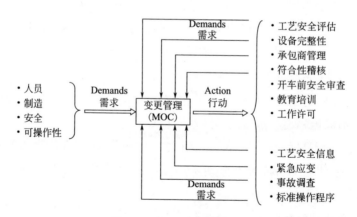

图5-2　杜邦PSI管理内容

二、过程安全的特征及重要性

1.过程安全的概念

过程安全的一个基本出发点是预防工艺物料（或能量）的泄漏。过程安全的目的是在设计、建造、操作和维修工厂设备和设施过程中，运用工程知识、原理和经验，消除或减少与过程相关的危害。一般这种危害来自两个方面：一是工艺介质本身的危害；二是生产过程所具有的危害，如氯气及其加压过程。

2.过程安全与传统安全的区别

过程安全有别于传统的"安全"概念。传统的"安全"主要是指使用各类个人防护用品和建立相应的规章制度来保护作业人员，防止发生人员伤害事故。而过程安全则强调采用系统的方法对过程危害进行辨识，根据工厂不同生命周期或研发阶段的特点，采取不同的方式辨别存在的危害、评估危害可能导致的事故频率和后果，并以此为基础设法消除危害以避免事故，或减轻危害可能导致的事故后果。过程安全的侧重点是工艺系统或设施本身，过程安全也关注可能导致事故的人为因素。与一般的职业安全更多关注人的行为不同，过程安全较为关注工艺系统或设施本身是否存在技术上的缺陷或安全操作的隐患。2005年，美国得克萨斯炼油厂发生爆炸事故的一个原因就是过于关注人身安全而忽视了过程安全。

3.过程安全管理的主要对象

过程安全管理（PSM）是一个涉及每个人的管理程序。过程安全管理的主要对象是处理、使用、加工或储存危险化学品的工厂或设施。强调运用系统的管理手段，识别、理解、消除和控制过程危害，在设计上确保工艺系统具备可以接受的安全阈，并使工艺设施在建成后按照设计意图安全地运转。而对于低危害的场所，做好过程安全管理同样有着重要的作用。

4.过程安全管理的重要性

过程安全管理主要目的是预防危险化学品（或能量）的意外泄漏，特别是防止其泄漏到员工或其他人员活动的区域，使相关人员遭受伤害。完善的过程安全管理系统不但能减少人员伤害，也能避免重大的财产损失。此外，通过消除或减少工艺系统中存在的操作隐患，提高工艺设备的可靠性，提升产品质量，可以提高生产效率，降低生产成本以及延长工艺设备的使用寿命。

企业过程安全管理涉及危险化学品的生产、储存、使用、处置或搬运，或者与这些活动有关的设备维护、保养、检修和工艺变更等活动全过程，是企业安全生产的基础，是化工企业过程安全管理的核心，是消除和减少生产过程中的危害、减轻事故后果的重要前提。各级安监部门要高度重视化工生产过程安全管理，督促危险化学品生产企业加强化工过程安全管理，建立化工过程安全制度,定期开展过程安全分析,对企业拟采用的国内首次使用的化工生产过程进行鉴别和安全可靠性论证,确保化工生产工程安全,有效预防和减少事故。

5.推行过程安全管理的主要措施

过程安全管理工作的重点就是通过完善工艺技术、设备设施及提高员工安全意识、工艺技能,建立完备的保护层。通过抓过程控制,不断创出本质化、匹配化和常态化的过程安全环境。

(1)加强过程安全防护建设,消除人员受伤的危险。过程系统是环环相扣的,上道工序影响下道工序的安全,每个环节都是员工操作的重要场所,都有可能危及员工的生命安全,因此要从工艺本质上切断可能发生事故的链条。通过加强系统检修与改进,完善现场设施防护栏杆、关键设施、防撞设施、安全通道、安全标志,提高系统安全水平,消减安全风险,消除危险作业。

大力开展各项技术改造创新工作的同时,致力于先进技术的研究开发、落后技术的淘汰控制,不断引进自动控制和远程控制,提高系统固有本质化程度,在本质安全化方面,制定科学合理的系统过程控制的管理方法、标准和措施。其次,开展技术研究,积极探索新技术,加强技术改进,提高产品质量,保证生产系统安全、平稳、经济运行。

(2)确保设备设施安全运行,为工艺技术保驾护航。以设备点检为基础,实现"预知维修"和"安全维修",减少设备故障率,保障设备长周期安全经济运行,保障系统连续平稳运行。通过技术改造,增加设备技术含量和设备的自动化水平,避免人与设备设施直接接触,降低员工受伤害的概率,提升设备安全保障水平、设备与技术的匹配化程度。

(3)创造良好的工作环境,营造技术实施氛围。作业环境直接影响设施设备的工作效率,更影响着作业人员的身心健康与安全。通过标志、安全橱窗、安全园地、安全活动、安全宣誓等,增强员工的安全操作意识,营造人文环境,为安全操作创造条件,为技术的实施提供保障。

(4)提高员工安全素养和操作技能,正确实施工艺技术。人是安全生产事故中最关键的因素。通过知识培训、技能训练、行为规范,强化员工的安全理念,提高员工按章操作的能力,使员工安全技术素质逐渐与系统的技术水平相适应,实现员工行为的本质安全化。

(5)预防事故发生的技术措施。

① 控制事故产生的能量：控制系统能量的大小和类型。

② 危险最小化设计：通过设计消除危险，降低危险的严重性。

③ 隔离：采用物理分离等方法将已识别的危险同人员和设备隔离开。

④ 闭锁、锁定和连锁：防止不相容事件发生或事件在错误的时间发生或事件以错误的次序发生。

⑤ 故障-安全设计：在系统、设备的一部分发生故障或失效的情况下，在一定时间内也能保证安全的安全技术措施。

⑥ 故障最小化：在故障-安全不可行的情况下，可采用故障最小化方法，运用最优化技术，如工程技术、自控技术、系统工程等来达到故障最小化。

⑦ 警告：视觉警告，听觉警告，嗅觉警告，触觉警告。

（6）避免和减少事故损失的安全技术措施。

① 隔离：距离隔离，偏向装置，封闭。

② 个体防护：进行危险性作业时、进入危险区时、紧急状态时必须进行个体防护。

③ 能量缓冲装置：事故发生后吸收部分能量，如矿用安全帽、汽车安全带等。

④ 薄弱环节：指系统中人为设置的容易出故障的部分，使系统中积蓄的能量通过薄弱环节得到部分释放，以小的代价避免严重事故发生。

⑤ 逃逸、避难和营救：当事故不可控制时，依靠逃逸、避难和营救等措施使人们获得继续生存的条件。

安全工作只有从系统的角度，采取全方位、全过程的管控，动态管理，定期评价，不断完善，才能减少和消除不匹配的因素，避免或减少事故的发生。

第二节 工艺技术变更管理

一、变更的流程

变更生命周期中的主要过程和这些过程的要求具体如下。

（1）提出。记录变更的详细信息，相当于一个备忘录。需要记录的信息可能根据不同组织和不同项目的规定而不同。要点在于变更提出者能简明扼要地记录下有价值的信息，比如缺陷发生时的环境、要变更的功能。

变更管理工具不仅要能方便地记录信息，而且要给记录者一些记录的提示信息，帮助记录者准确地记录变更。

（2）审核。审核者首先要确认变更的意义，确认是否要修改；其次审核者要确认变更可能产生的影响，根据影响分析、决定是否要修改变更的内容以及对项目其他方面做同步改变；最后就是指派项目成员实施该变更。

在这里，关键是审核者要能对变更的相关影响有清楚的认识，这种认识并不是说如何变更，而是如果进行该变更，有可能带来什么影响，是否值得修改。很显然，这些信息不是变更提出者在记录时会给出的，而应该是审核者自己借助其他系统或者工具进行判断得出的。

（3）实施修改。根据变更要求进行修改。

要保证修改实施是完全而彻底的，比如提出了一个需求变更，不能只改了需求文档而不改代码或者用户文档。在组织分工情况下，如何协调多个小组的同步变更以保证工作产品的一致性正成为一个很严峻的问题。

实现变更的一个初始目的就是项目的跟踪回溯，那么，针对变更而做的修改也应该被记录下来并与变更关联起来，实现为什么（why）、什么（what）的双向跟踪。

（4）确认。确认变更得到了实施（或者拒绝变更的理由是合理的）。

查询和度量分析：项目管理者需要了解项目中各个变更的当前状态，根据变更状态做出各种管理决定，度量分析变更数据，了解项目质量状况；定期进行复盘，寻找变更根源，进行有针对性的，甚至是制度化的改进。这里的关键是要确定分析哪些数据，如何分析。

二、杜邦变更管理工具的特征

通过对变更流程的观察，为了实现变更的目的，杜邦认为一个良好的变更管理工具至少应该具备如下特征。

① 对变更管理工具的最基本要求是具备信息记录功能，以起到备忘以及交流的作用。

② 考虑到度量的复杂性，尤其是要适应不同项目特征、度量目的和度量统计理论，那么工具需要提供一个灵活且方便使用的查询统计机制，方便针对各

种度量数据进行报表定制。

③ 变更管理是项目管理中的一个重要过程，但也只是一个过程。一个良好运作的项目，并不只有变更管理。那么变更管理系统应该要能和其他过程管理部分相配合，实现整个项目的有机管理和系统使用，而不至于造成信息孤岛。

总之，杜邦很早就建立过程安全管理制度，在制度中规定，最高管理层在亲自操作之前，任何员工不得进入一个新的或重建的工厂。在当时规模不太大的情况下，杜邦要求凡是建立一个新的工厂，厂长、经理先进行操作，目的是体现对安全的直接责任、对安全的重视，管理者认为工厂是安全的，管理者先进行操作、开工，然后员工再进入。发展到现在，杜邦成为规模很大的跨国公司，不可能让总裁参加这样的现场操作，所以杜邦安全也发展到现在的有感领导。第一不是管理者本人感觉的领导，是让员工和下属体会到管理者对安全的重视，是理念上的领导；第二是人力、物力上的有感领导；第三是平时管理上的领导，总体上体现对企业安全生产的负责。

三、杜邦工艺技术变更"五步法"

工艺技术变更，指以改进为目的而提出的对产品生产质量管理全过程中某项内容的修订或完善。变更范围包括生产工艺、产品制备工艺、注册标准、产品或物料的质量标准及检验方法、规格、有效期和贮藏条件、产品的包装材料和容器、生产环境或场地、稳定性方案、厂房设施及布局、生产/检测设备、公用系统（包括HVAC系统、水系统、蒸汽系统、压缩空气系统、真空系统等）、计算机系统（包括硬件、软件及其相关数据）、购买新设备、产品品种的增加或取消、重大组织机构变化（包括企业关键人员的变更、生产许可证的变更等）、与产品接触的介质标签的变更、备案文件的变更以及其他变更。

变更管理，又称变更控制，指产品生产、质量控制、使用条件等诸多方面发生变化时，对这些变化在产品质量可控性、有效性和安全性等方面可能产生的影响进行评估，并采取相应措施，从而确保产品的质量和法规的符合性。杜邦工艺技术变更一般采用"五步法"，即①提交变更申请；②评估变更申请；③实施变更；④变更关闭/变更可以用于常规生产；⑤变更效果的评估。

1.提交变更申请

所提交的变更申请至少包括：①变更的目前状况；②变更理由；③变更后

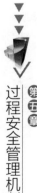

的状况;④风险评估;⑤变更管理员(编号、登记和审核变更,编号应有追溯性)。

2.评估变更申请

(1)所有变更申请都应被变更评估小组评估。评估小组中至少应由一名质量部人员和变更涉及部门代表及变更体系负责人组成。如所提交的变更会对工艺验证状态、厂房设施造成影响,工厂内评估小组应至少由质量部人员、验证负责人、技术部产品负责人等组成。

(2)验证负责人需评估变更对验证的影响以及是否需要相关的验证支持。

(3)评估小组应确定变更的影响,例如:是否产生法规/HSE方面的影响。

(4)评估小组决定是否批准、拒绝所提变更,也可通知变更申请人对变更进行修改或继续进一步的评估。

(5)如工厂内评估小组认为所提变更可以实施,则评估小组应:①确定此变更的潜在影响;②评估现有的支持性数据;③确定需要进一步提供的数据;④确定变更完成后的接受标准。

(6)评估小组应决定所提变更是否需要报法规管理部门批准;根据相关法规的要求,在企业启用某些变更前,要到监管部门办理补充申请或备案。

(7)通常需要评估对以下内容有无影响:程序、文件、体系、供应商/合同方、验证、培训、注册/法规等。以工艺变更为例:培训、文件、物料、法规。以质量标准为例:人员、文件、实验室设备、分析、物流、体系、法规。

(8)通常评估制定相应的行动方案,每一个行动方案应该包括:行动内容的详细描述、行动负责人、行动的完成时间。

(9)稳定性影响评估。通常以下变更需要进行稳定性研究,包括:制剂过程关键参数的变更;主料/辅料比例的变更;新规格;变更辅料种类;辅料种类重大变化;辅料用量变更;变更辅料来源;延长有效期;变更直接接触包装材料的供应商;变更直接接触的包装材料;变更固体制剂包装系统中干燥剂的组成比例;变更或增加原料的产地;原料的产地不变,但是合成路线改变。

3.实施变更

(1)变更实施人应确保依据既定的行动计划实施变更。

(2)任何用以支持变更实施的草案文件都应得到质量部的批准。

（3）相关负责人在审核变更实施跟踪表时，应确认各步骤行动完成结果是否符合既定的接受标准。

（4）所有支持修改接受标准或要求增加新的支持性数据的原因都应详细记录。

（5）如果行动完成结果不能符合接受标准，则应进行调查，并应根据调查结果调整采取行动。

（6）如果各步骤行动可以满足接受标准，则整个变更实施最终应被变更相关部门负责人审核同意和质量部审核批准。

（7）任何变更涉及的产品批次，必须被隔离存放直至变更关闭后才能被放行到市场。

4.变更关闭/变更可以用于常规生产

（1）由于变更派生出或修订的文件，只有在变更关闭后才能被正式使用。

（2）变更实施人应收集足够的证据以证明变更已按照计划完成并满足接受标准。变更系统专员应确认所有行动项目都有相应的支持性文件，由质量部最终确定变更内容是否可以用于常规生产。

5.变更效果的评估

（1）回顾周期内有无此变更导致的偏差，确认是偶然因素所致还是新流程存在某种缺陷，制订改进计划。

（2）进行大型的变更项目经验分享与回顾，分析有哪些收获和哪些有待改进的地方。

（3）从卓越运作的角度分析，对比变更实际成本与变更后的收效，检查是否100%达到了设想的变更收益。

杜邦工艺技术变更操作一览表见表5-1。

四、杜邦工艺技术变更安全管理

1.杜邦工艺技术变更安全管理基础工作

杜邦在工艺技术变更安全管理中，主要涉及4个要素：①过程安全信息；②过程危害的风险分析；③操作程序和安全规则；④工艺技术变更安全管理。由于这4个要素都是核心要素，杜邦基本做法如下。

（1）书面提案填写申请书表。表中内容为：①说明变更的内容；②说明现有问题，变更原因及预期的效果；③依照变更的特性，选取变更的类别；④说明背景、细节、变更范围及期限。

表5-1　杜邦工艺技术变更操作一览表

1.目的：使工艺技术变更过程得到有效评估和批准，确保工艺变更的有效性和适宜性
2.适用范围：所有的工艺变更

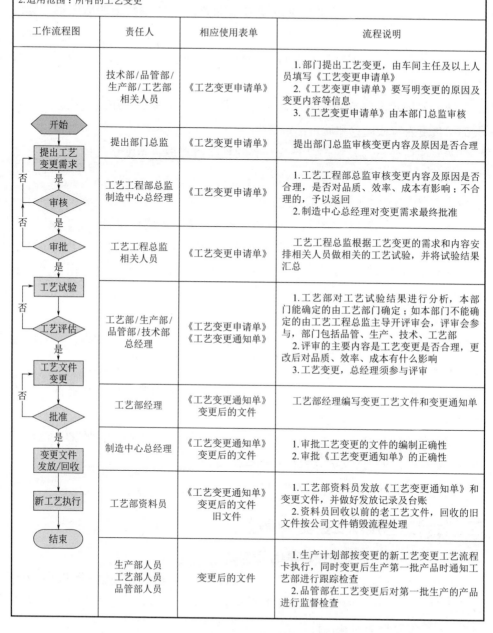

工作流程图	责任人	相应使用表单	流程说明
（见流程图）	技术部/品管部/生产部/工艺部相关人员	《工艺变更申请单》	1.部门提出工艺变更，由车间主任及以上人员填写《工艺变更申请单》 2.《工艺变更申请单》要写明变更的原因及变更内容等信息 3.《工艺变更申请单》由本部门总监审核
	提出部门总监	《工艺变更申请单》	提出部门总监审核变更内容及原因是否合理
	工艺工程部总监制造中心总经理	《工艺变更申请单》	1.工艺工程部总监审核变更内容及原因是否合理，是否对品质、效率、成本有影响；不合理的，予以返回 2.制造中心总经理对变更需求最终批准
	工艺工程总监相关人员	《工艺变更申请单》	工艺工程总监根据工艺变更的需求和内容安排相关人员做相关的工艺试验，并将试验结果汇总
	工艺部/生产部/品管部/技术部总经理	《工艺变更申请单》《工艺变更通知单》	1.工艺部对工艺试验结果进行分析，本部门能确定的由工艺部门确定；如本部门不能确定的由工艺工程总监主导开评审会，评审会参与，部门包括品管、生产、技术、工艺部 2.评审的主要内容是工艺变更是否合理，更改后对品质、效率、成本有什么影响 3.工艺变更，总经理须参与评审
	工艺部经理	《工艺变更通知单》变更后的文件	工艺部经理编写变更工艺文件和变更通知单
	制造中心总经理	《工艺变更通知单》变更后的文件	1.审批工艺变更的文件的编制正确性 2.审批《工艺变更通知单》的正确性
	工艺部资料员	《工艺变更通知单》变更后的文件旧文件	1.工艺部资料员发放《工艺变更通知单》和变更文件，并做好发放记录及台账 2.资料员回收以前的老工艺文件，回收的旧文件按公司文件销毁流程处理
	生产部人员工艺部人员品管部人员	变更后的文件	1.生产计划部按变更的新工艺变更工艺流程卡执行，同时变更后生产第一批产品时通知工艺部进行跟踪检查 2.品管部在工艺变更后对第一批生产的产品进行监督检查

（2）将过程安全信息划分为物质的危害信息、设备的设计依据信息和设计依据信息。依据国家规定、出问题的后果性和预防性等因素，确定设备是否标示为关键设备。

（3）综合应用工业危险分析中的各种方法，如HAZOP（危险性与可操作性）分析、LOPA（保护层分析）、FTA（事故树分析）等。组成5～6人的工作小组，定期对公司进行各种工艺技术危险分析。

（4）变更作业中实行对有害源头的上锁挂签，以保证工艺技术变更的安全进行。

（5）在工艺技术变更安全管理过程中，将工艺技术变更记录在案，并可在公司信息化平台上查找。

2. 杜邦工艺技术变更安全管理原则

（1）尽可能简单，但是可以满足变更的基本要求。

（2）得到公司广泛的支持及领导的承诺。

（3）在全面实施变更前进行试点运行。

（4）对参与变更的人员提供足够的培训。

（5）能够周期性监控工艺技术变更安全管理系统的有效性。

（6）定期对工艺技术变更安全管理系统进行审核及管理层审查。

（7）必须有公司核心管理层的重视和承诺。

3. 杜邦工艺技术变更适用范围

（1）生产能力的改变。

（2）物料的改变（包括成分比例的变化）。

（3）化学药剂和催化剂的改变。

（4）设备、实施负荷的改变。

（5）设备和工具的改变或改进。

（6）控制参数的改变（如温度、流量、压力等）。

（7）工艺、设备设计依据的改变。

（8）安全报警设定值的改变。

（9）仪表控制系统及逻辑的改变。

（10）软件系统的改变。

（11）安全装置及安全联锁的改变。

（12）非标准的（或临时性的）维修（检维修规程）改变。

（13）操作规程的改变。

（14）试验及测试操作。

（15）设备、原材料供货商的改变。

（16）运输路线的改变。

（17）装置布局的改变。

（18）产品质量改变。

（19）设计和安装过程的改变。

（20）其他变更。

4.杜邦工艺技术变更安全管理

（1）变更应严格按照变更审批确定的内容和范围实施，并对变更过程实施跟踪。

（2）变更实施过程中若涉及作业许可、高危作业，需办理作业许可证、高危作业票。

（3）变更实施过程中若涉及启动前安全检查，具体执行"启动前安全检查管理规范"。

（4）确保变更涉及的所有过程安全相关资料及操作规程都得到审查、修改或更新。

（5）完成变更的工艺、设备在运行前，应对变更影响或涉及的如下人员进行安全培训或沟通。必要时针对变更制订安全培训计划，安全培训的内容包括：变更目的、变更作用、变更程序、变更内容、岗位和职责、变更中可能的风险和影响，以及同类事故案例。工艺技术变更涉及的人员如下。

① 在变更所在区域的人员，如维修人员、操作人员等。

② 变更管理涉及的人员，如设备管理人员、安全培训人员等。

③ 相关的直线经理、管理人员。

④ 工艺技术变更的承包商

⑤ 在变更实施期间的外来人员。

⑥ 工艺技术变更的供应商。

⑦ 相关的装置或社区。

⑧ 其他和变更相关的人员。

（6）变更所属区域应建立变更清单，变更申请人或指定人员负责跟踪落实变更的实施，并对变更申请审批表、风险分析记录、变更执行及关闭等资料归档。

（7）属地部门工艺或设备管理人员负责保留变更申请审批表、风险分析记录、变更检查表、变更执行及关闭等资料。微小变更必须在部门内建立清单，并定期报变更管理员归档，一般和重大变更的审批文件由变更管理员统一编号归档（原件），属地部门保留复印件。

（8）公司必须组织编制适合本区域工艺及设备特点的"同类替代"清单。参与成员须包括工艺、设备、安全等专业技术人员。部门级变更审查小组对变更进行初步分析，公司级变更审查小组负责对重大变更进行风险分析，如公司技术力量不能满足专项审查的需要，由技术主管部门负责协调申请专业人员支持。

5.变更关闭

变更实施完成后，应对变更是否符合规定内容和结果进行验证，并完成以下工作。

（1）所有与变更相关的过程安全信息都已更新。

（2）规定了期限的变更，期满后应恢复从前状况。

（3）试验结果已记录在案。

（4）确认变更结果。

（5）变更实施过程的相关文件归档。

变更程序检验作业流程见图5-3。

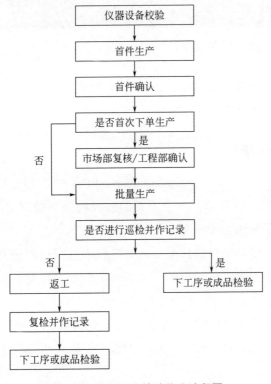

图5-3 变更程序检验作业流程图

6. 启动前安全检查

工艺技术经过变更后，于启动前必须经过安全检查，以确认可以安全操作。启用前的安全检查使用"安全检查表"检查，检查项目包括：土木、机械、建构、仪电、联锁及安全防护和防火等。

7. 结论

工艺技术变更安全管理是企业安全管理非常重要的一环，应把工艺技术变更安全管理列入例行作业必备的程序或工具，并规定变更必须经过适当的审查、核准、执行、结案，并完成相关程序与人员的培训。有系统地执行并记载和保存变更资料，使工艺技术变更程序的资料保持更新，人员及时得到培训，以确保变更后的安全稳定运行。

第三节 过程风险分析管理

杜邦应用的危险分析方法很多，每一种分析方法都有自己的优缺点。本节主要介绍常用的几种危险分析方法。

一、过程危害分析

过程危害分析（Process Hazard Analysis，PHA），也称过程危险分析，即将事故过程模拟分析，也就是在一个系列的假设前提下按理想的情况建立模型，将复杂的问题或现象用数学模型来描述，对事故的危险类别、出现条件、后果等进行大致分析，尽可能评价出潜在的危险性。过程危险分析主要用来分析在泄漏、火灾、爆炸、中毒等常见的重大事故造成的热辐射、爆炸波、中毒等不同的化学危害。

过程危害分析是PSM的核心要素，它能有组织、系统地对装置或设施进行危害辨识，为消除和减少生产过程中的危害、减轻事故后果提供必要的决策依据。

过程危害分析关注设备、仪表、公用工程、人为因素及外部因素对于工艺过程的影响，着重分析着火、爆炸、有毒物泄漏等的原因和后果。一个合格的PHA活动应该能够完成如下任务。

① 发现过程危害。② 识别出已经发生过的有可能导致灾难性后果的事件。③ 有可用的工程上或管理上的危害控制手段。④ 了解控制手段失效的后果。⑤ 了解人员因素。⑥ 进行定性的关于危害的评价。

PHA应该由一个包括多方面人员的队伍完成，包括工程、管理、操作、设计等人员。并且在PHA过程中产生的文档，特别是产生的建议，应该有完善的管理和后续跟踪手段。

PHA通用指南适用于涉及工艺过程中的所有设备和程序。PHA的目的通常是识别可能导致人员伤害、设备损坏或环境影响的过程设计、维修、检查或操作实践的偏差，特别是涉及意外泄漏的偏差。

1.操作步骤

把将要执行的PHA编制成一个计划表，包括以下内容。

（1）推荐规范（recommendations）：假设分析/检查清单记录表中的一列，用于记录PHA计划中针对特定场所提出的降低风险的措施。在执行PHA期间如果发现硬件设施或操作程序需要改进时，提出建议。此外，对后续需要执行的跟踪项目进行记录以理清研究过程中可能出现的问题。

（2）安全保障措施（safe guards）：安全措施是在设施的设计或操作中执行的工程或行政管理措施，以防止某个恶性情况的发生或减轻发生这种情况时的后果。

（3）可能发生的情况（scenario）：假设分析/检查清单记录表中的一列，用于记录与假设问题（可能导致危险的后果）相关的典型事件的描述。通常情况下，可能发生的情况多为化学品的泄漏导致的事件。

（4）系统和子系统（system and subsystem）：将整个过程划分为可管理的几个部分的方法。每个过程通常被划分为多个子系统。分析级别取决于研究的详细程度，通常在子系统进行危险分析。

（5）假设分析/检查清单记录表（what-if/checklist log sheets）：一种表格形式，利用假设/检查表方法系统地记录了PHA的结果。

（6）假设分析问题（what-if question）：一个假设分析问题，表明系统可能出现故障、操作失误或偏离其设计意图。其目的是使危险分析小组提出相关的针对性的问题，这些问题能够解释说明事故发生的潜在原因。

2. 制定目的、具体目标和范围

在进行过程危害分析（PHA）研究之前，应明确PHA研究的目的、目标和范围。通常，研究的目的是进行PHA，以满足国家关于PSM法律法规以及标准的要求。PHA研究的目标通常是确定过程设计、维修、检查或操作实践过程中所产生的偏差，这些偏差可能导致人员受伤、设备损坏或环境影响，特别是涉及意外泄漏的影响。分析还可以解决一些重要的可操作性问题，例如可能导致装置关闭或保障措施失效的情况。

在PHA范围中应明确研究过程中要考虑的设备、程序和操作方式。通常，分析将集中于正常（稳态）、启动和关闭操作过程。公用工程系统和设备（如冷却水或仪表与空气控制系统）通常在研究期间是隐式处理的，例如，只有当这些工程系统和设备对在假设分析情况中的起因、后果或安全保障措施产生影响时，才会将它们考虑在内。研究建议中指出，作为一项单独的研究，对公用工程系统进行更加详细的审查在任何时候都是必要的。

3. 选拔研究小组

PHA小组通常由3～7个人组成。小组的成员应受过PHA技术培训且具有丰富的专业知识。培训包括理论授课和实际操作，通常包括特定PHA方法的课堂授课和作为PHA小组成员参与实际研究。比较理想的情况是：组长与所研究的系统的设计或对该系统的日常操作不是太紧密相关。因为在PHA研究中，这样可能不会影响他们的想象力来观察偏差、原因和后果。

小组还可以配备一个单独的记录员或技术干事来记录研究结果，通常也可以由组长来承担这个职责。根据PHA所需的相关过程操作知识和技术，选择其他所需的小组成员。由于小组成员需要了解过程设计和/或操作，因此至少应该有一部分小组成员来自生产操作岗。一个典型的团队可能由以下成员组成：①小组组长（team leader）；②环境经理（environmental manager）；③安全/风险经理（safety/risk manager）；④维修主管（maintenance supervisor）；⑤工艺流程/公用工程工程师（process/utilities engineer）；⑥工程主管/经理（utilities supervisor/manager）；⑦公用工程操作员（utilities operator）；⑧机械工程师（mechanical engineer）。

4. 收集参考信息

在开始PHA会议之前，小组组长应确保提供必要的图纸和其他参考资料，并保持及时更新。开展过程危险分析通常需要的信息包括流程图、管道和仪表图（P&ID）、地块/现场平面图、工艺流程描述以及关于仪表和控制系统的信息。此外，在研究期间还应随时提供操作程序、紧急程序、设备和仪表规范以及安全说明书。

5. 执行PHA研究

针对典型系统的PHA研究可能需要数天才能完成。因此，小组将举行若干次会议或工作研讨。鉴于PHA研究比较容易引起疲劳，会议通常安排在早晨，此时小组成员的精神是最饱满的，会议时长通常在4～6小时。长时间的讨论或持续的会议容易让人感到疲惫，从而降低了工作效率。

一旦确定了计划的小组会期，就应编制一份临时会议时间表。时间表应分发给拟议的小组成员，方便团队成员适当地安排他们的时间。

6. 撰写PHA符合性报告

在第一次PHA小组会议期间，组长应与小组成员一起审查研究的目的、范围和目标。此外，组长应就所使用的方法进行简短的审核，并应对研究的系统进行现场调查。

假设分析/检查清单（what-if/checklist）方法是一种系统地对过程进行审查的方法，可识别潜在的危险事件或可能发生的操作性问题。这种方法提出一系列假设问题，每个假设问题都与过程设计、维护/检查或操作实践的潜在偏差相关。这种防范是基于如果过程不偏离设计目的则不会发生危险的前提。

PHA应考虑存在潜在偏差的三种主要原因：①设备故障；②人为失误；③外部事件。

设备故障包括设备运行或性能偏离其设计意图。包括诸如容器或管道故障、泄漏、泵故障或仪表故障等。人为失误包括操作员未能执行所需的特定功能或执行不正确，维修不当（输入计算机控制系统的设定点不正确）。外部事件包括断电、生产操作区域发生火灾或与设施选址有关的问题。

7. 对系统中潜在危险的分析

对以往任何导致或可能对工作场所造成灾难性后果的事件进行分析回顾；评估现有的工程和行政（E/A）控制（保障措施），包括预防和检测泄漏的方法，以及这些控制措施失败的后果；一系列控制措施失败可能产生的对工作场所内的工人带来的安全和健康影响的定性结果分析；为减少潜在危险情况发生的后果或可能性而提出的初步建议，包括设备或程序。

一旦PHA研究完成，就应完成书面合规报告，这份报告将：①确定潜在危险及其原因；②确定工厂内适用于工程和行政控制措施的危害；③说明任何工程和行政控制失败导致的后果；④记录任何旨在改善设施运作的建议。

8.阐述PHA研究的发现结果

应开发一个管理体系来处理、解决PHA研究提出的建议，并将其归档。管理制度应包括下列规定：①确保建议得到及时解决；②记录将要采取的行动；③尽快完成行动措施；④制定一个书面的时间表，明确各项行动措施的完成时间；⑤与操作、维修和其他员工沟通这些行动措施。

9.文档管理

雇主必须将PHA研究报告、关于系统的更新或重新验核以及书面的解决方案，保存在过程安全管理文件中。此外，雇主必须提供其员工及其代表访问PHA的权限。

PHA工作程序图见图5-4。

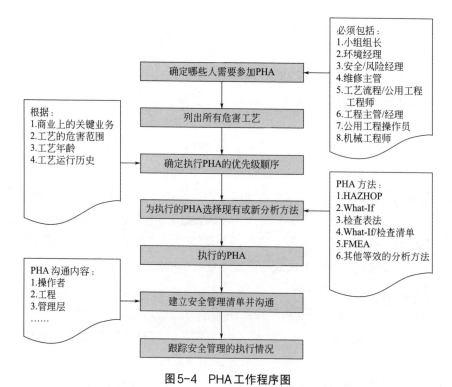

图5-4 PHA工作程序图

10. PHA研究人员组成

① 小组组长。计划、管理和指导PHA小组会议。决定每次会议的范围、目

的和目标，并征求PHA协调员的意见。确保PHA研究的完整性和一致性。指导记录员完成PHA日志表，给PHA协调员提供日报、PHA日志表和行动措施项目。

② 环境经理。负责各项目的环境、卫生、排放作业的统筹管理工作，及时配合企业重大活动的环境管理工作。定期对"三废"排放进行检查评估，形成周/月/季的工作报告，对不合格外包单位及时对接和督促整改。处理接洽外包单位的环保款项的支付及汇缴工作。建立并优化环境保护各项作业标准及巡检机制，并有效落实到区域及项目实际执行。

③ 安全/风险经理。负责公司业务的风险控制工作，从完整性和安全性两方面对项目负责组织评审。具体为：负责研究风险政策，设计风险评审岗位的工作指引和运作流程，建设风险控制系统，建立自动风险报表管理系统，参加建设风险审批系统；负责组织事前风险审核、事中风险控制、事后风险检查；出具风险预警提示和风险评估报告。

④ 维修主管。根据设备的保养规则完成设备的保养，保证设备良性运转。负责设备的巡查工作，发现问题及时处理，避免设备带病运转。及时处理设备故障，并对设备故障原因进行详细分析，找出改进预防措施。保持良好维修现场。

⑤ 工艺流程/公用工程工程师。基于他们对系统的了解，包括设计和操作方面的专业知识和技术，保障工艺过程的安全运行。

⑥ 工程主管/经理。全面负责工程的管理工作，向总经理负责，并接受总经理的督导。配合其他部门进行项目前期运作，提出合理化建议。负责工程和技术的组织、指导及管理工作。负责工程的安装验收、安全运行、维修保养等管理工作。

⑦ 公用工程操作员。严格遵守安全操作规程，正确穿戴和使用个体防护用品。有权拒绝违章操作和违反规章制度的指挥和调度。工作中做到"三勤"：勤看，看压力表、显示屏、电气仪表和机器的外貌；勤听，听机器运转中有无异常，包括各部件的各种细微转动、摩擦冲击、传导声响；勤摸，试摸机器箱体、进出气、油、水管路等是否正常。认真填写各种记录，设备发生故障及时报告等。

⑧ 机械工程师。根据产品图纸编制产品加工与组装工艺卡片，能设计和选用合适的工装、刀具。能够及时处理生产中出现的各种异常，根据生产实际完善和优化工艺方案。负责产品的生产技术支持，参与产品研发。对工艺执行情

况进行指导和监督。

二、危险与可操作性分析

危险与可操作性（Hazard and Operability，HAZOP）分析是以系统工程为基础的一种可用于定性分析或定量评价的危险性评价方法，用于探明生产装置和工艺过程中的危险及其原因，寻求必要对策。通过分析生产运行过程中过程参数的变动，操作控制中可能出现的偏差，以及这些变动与偏差对系统的影响及可能导致的后果，找出出现变动与偏差的原因，明确装置或系统内及生产过程中存在的主要危险、危害因素，并针对变动与偏差的后果提出应采取的措施。

1. 适用范围

HAZOP主要适用于石油、化工等过程工业的HAZOP分析。

2. 分析原则

HAZOP分析应由各专业技术人员组成分析小组，以分析会议的形式进行，使用一套核心引导词，对系统的设计进行全面、系统的检查，识别对系统设计意图的偏差。此外，提倡采用引导词进行系统分析的同时，不鼓励采用检查表式HAZOP分析、HAZOP经验法等HAZOP技术。

（1）原因分析的原则。

① 考虑原因时应尽量找出具体的原因，尽可能不要选择笼统的原因。具体原因指的是导致偏差出现的最直接和最根本的原因，或者是设备失效，或者是人为失误。而笼统的原因往往是带有偏差的原因。但在特殊的时候也可以选择笼统的原因，例如：

a. 当分析的原因位于分析边界之外，不能找出具体原因时，如分析装置界区供料的流量。

b. 当辅助流程单独划分节点时，辅助系统的偏差可以导致主流程偏差出现，但对辅助系统偏差产生的原因，可在辅助系统独立节点中进行具体分析，例如加热炉燃料气系统对主流程温度的影响。

c. 对于机泵、压缩机等传动设备的故障原因，HAZOP分析过程中一般不去考虑其引起故障的具体原因，这也是由HAZOP分析的局限性导致的，针对传动机组的具体故障原因，可由专业人员组成小组开展FMEA（故障模式影响分析）讨论得出。

② 应考虑所选择原因的可信度。即选择的原因应具有发生的可能性，对于

不可信或发生概率很低的原因尽量不考虑。

③ 原因选择时应限定寻找范围。原因尽量在分析的节点或相邻的节点内去寻找，不建议在整个装置或系统中来寻找。这一原则主要是为了减少重复分析，提高HAZOP分析的效率。

（2）后果分析的原则。

① 后果一定要在整个装置或系统的范围内寻找。只有对原因或偏差发生后可能引起的所有后果都进行了分析和考虑，才能有效验证已有控制措施的控制效果。

② 对于同一流程的同一个偏差来说，所有的原因都可以引起这个偏差的出现，因此偏差出现并进一步放大的后果是所有原因共同导致的。

③ 引起同一个偏差产生的不同原因，还具有不同的后果。因为一个原因的发生，还可能引起其他流程的偏差，因此对于不同的原因可能还存在不同的影响后果，应具体进行分析，不可以用偏差的后果代替所有原因可能产生的后果，致使分析出现遗漏。

3.HAZOP应用

（1）概念和定义阶段。在这一阶段，由于开展HAZOP分析所需的详细设计资料尚未形成，应使用其他一些较为简单的危害分析方法辨识出主要危害，以利于之后进行的HAZOP分析。

（2）设计和开发阶段。在系统生命周期的这一阶段，形成详细设计，并确定操作方法，编制完成设计文档，设计趋于成熟，基本固定。这是开展HAZOP分析的最佳时机。

HAZOP分析完成后，为评估设计变更对系统的影响，应建立设计变更管理办法。值得说明的是，该办法应该在系统整个生命周期都起作用。

（3）制造、安装和试运行阶段。在这一阶段，如果工艺相对复杂或危险性高，对操作的要求较高，试运行存在一定危险，或者在详细设计后期出现了设计的较大变动时，建议开车前进行一次HAZOP分析。

（4）生产和维护阶段。在这一阶段，标准强调对于那些影响系统安全、可操作性或影响环境的变更，应考虑在变更前进行HAZOP分析。

在进行HAZOP分析时，应确保在分析中使用最新的设计文档和操作说明。

（5）停用和处理阶段。对于这一阶段，标准要求，当可能发生正常运行阶段不会出现的危险时，本阶段需要进行危险分析。

在系统整个生命周期都应保存好分析记录，以确保能迅速解决停用和处理

阶段出现的问题。

由于HAZOP分析无法保证能识别所有的危险或可操作性问题，标准给出了在遇到这样问题时的做法。

对复杂系统的研究不应完全依赖HAZOP，应将HAZOP与其他合适的技术联合使用。例如：当HAZOP分析明确表明设备某特定部分的性能至关重要，需要深入研究时，采用FMEA（故障模式影响分析）对该特定部分进行研究，有助于对HAZOP分析进行补充；在通过HAZOP分析完单个要素/单个特性的偏差后，决定使用FTA（事故树分析）评价多个偏差的影响或使用FTA量化失效的可能性。

4.分析程序

标准规范了HAZOP分析的具体程序，指出分析范围和目标互相关联，应同时确定，规定对二者应有清晰的描述。要求确定分析范围和目标时，应明确HAZOP分析是仅限定于识别危险和可操作性问题，还是需要提出可能的补救或减缓措施等。HAZOP小组成员的分工如下。

记录员。进行会议记录；记录识别出的危险和问题、提出的建议以及进行后续跟踪的行动；协助分析组长编制计划，履行管理职责。某些情况下，组长可兼任记录员。

设计人员。解释设计及其设计描述，解释各种偏差产生的原因以及相应的系统响应。

业主（用户）。说明分析要素的操作环境、偏差的后果、偏差的危险程度。

专家。提供与系统和分析相关的专业知识。

维护人员。维护人员代表（若需要）。

HAZOP分析步骤如下。

第一步，定义危险和可操作性分析所要分析的系统或活动。首先要确定分析对象的功能、范围。因为所有的危险和可操作性分析所要分析的都是一个系统在正常的运行中各种可能的偏差，清楚地定义一个系统的设计功能或正常运行是分析工作非常重要的第一步。详细和清晰地记录这第一步工作对HAZOP分析工作是很重要的。在现实生活中很少有系统是完全孤立的。绝大多数系统是和其他系统相连或相互作用的。通过清楚地定义一个系统或运行的范围或边界，可以避免忽略边界附近重要系统的组成部分，也可以避免囊括不属于这个系统或运行的组成部分从而避免混淆问题或浪费资源。

第二步，分析需要关注的问题。需要关注的问题包括安全问题、环境问题、经济问题等。危险和可操作性分析可以聚焦在一个问题或风险上，也可以同时聚焦在几个问题上。在分析的时候还需要考虑可接受的风险限度。

第三步，分解被分析的系统并且建立偏差。在整个HAZOP团队集中开会之前，HAZOP团队的组长和记录员应该做一些积极的准备工作来确保团队开会的时间得到充分的利用。这些准备工作包括：定义系统的组成部分（流程的节点）、建立可信的偏差、建立HAZOP工作表。一个有结构的HAZOP分析的规程会遵照特殊的引导词。有两种方式识别偏差：参数方法和设计意图方法。参数方法讨论节点设计意图，选择相关流程参数，然后将引导词与参数结合，创造偏差。设计意图方法是团队领导从设计意图创造偏差。设计意图方法是团队领导从设计意图中提炼出关键的外在特征和参数，创造潜在的偏差。

第四步，进行HAZOP分析工作。系统的HAZOP分析工作的流程为：①介绍分析团队成员。②描述这个HAZOP的过程。③确认"节点1"。④分析团队确立"节点1"的设计意图。⑤对"节点1"应用第一个偏差，并且问分析团队"这个偏差的后果会是什么"。允许团队成员花一点时间来考虑这个系统偏差的问题。有时候可能需要允许提示来促动讨论。如果这个偏差不会导致事故，对第二个偏差重复这一个步骤。如果讨论的偏差不会导致事故，就没有必要考虑原因或安全装置。⑥当分析团队人员讨论完这个偏差所可能导致的所有需要分析的事故后，将讨论转为考虑那些造成偏差的原因。⑦辨识用来防止和延缓系统的偏差的工程装置和管理控制。分析团队的讨论应该包括考虑到这些装置和控制可以是防止性的（即它们帮助防止偏差的发生）或延缓性的（即它们帮助减轻那些偏差所导致的事故的严重性）。⑧如果分析团队认为一些系统的偏差的安全装置不够充分，分析团队就必须提出推荐建议，防止和延缓系统的偏差，包括安全装置的数量、类型和有效性。⑨总结对这个偏差所收集的信息。⑩对这个节点所有的偏差重复步骤⑤到⑨。⑪对所有的节点重复步骤③到⑩。以上的工作内容，全部要记到工作表中。记录员负责文档的建立。

第五步，运用HAZOP分析的结果进行决策。HAZOP分析的结果可用于决策。首先，要根据HAZOP分析的结果来确定被分析系统的风险的可接受性，即系统有没有符合预先设立的风险的可接受性标准。一般可采用风险矩阵的方法，并根据分析的结果来确定对这个系统的风险的最大贡献的子系统或步骤。这些子系统或步骤是考虑改进机会的最主要的对象。其次，对系统风险的最大贡献

的子系统或步骤提出具体的和切实可行的改进建议，例如设备改进、操作程序改进、行政措施改进。又例如，预防性的维修计划、人员培训等。同时也要估算贯彻昂贵或较有争议的改进建议对未来运行的影响，对贯彻这些建议作费用效益比较。在比较时，不要忘记考虑贯彻这些建议的整个生命周期的效益和费用。另外，HAZOP分析如果在跟踪措施责任上缺乏沟通，那么其效果会大大降低。HAZOP分析产生大量的工作表，其中掩藏了许多重要的条款，所以总结报告是很重要的。总结报告应能够告诉读者分析的目标、范围，描述完成了什么，最重大的发现是什么。HAZOP跟踪要分配到人和部门。最有效的沟通来自最高管理层，分析团队要准备给最高管理层一个有效的报告，这个报告要鲜明地体现出管理层要承诺和决策的行动。

HAZOP分析步骤见图5-5。

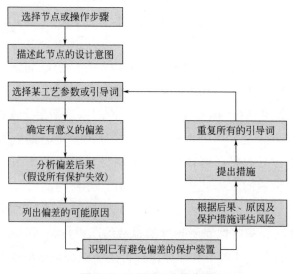

图5-5　HAZOP分析步骤

5.报告要求

HAZOP分析的记录必须明确准确。HAZOP记录有两种基本样式：完整记录和问题记录。完整记录指将每个引导词-要素/特性组合应用于设计描述的每个部分，对得到的所有结果进行全部记录。问题记录是记录识别出的危险与可操作性问题以及后续行动。问题记录是HAZOP记录的最低要求。在确定采取的记录样式时，应考虑合同要求、审核需要、所关注系统的风险等级及可用的时间和资源等因素，根据具体情况来确定。

HAZOP分析记录应记录所有危险和可操作性问题以及它们产生的原因；应记录分析小组提出的需要和之后研究的每个问题以及负责答复这些问题的人员姓名；应采用一种编号系统以确保每个危险、可操作性问题、疑问和建议等有唯一的标示；HAZOP分析文件应存档以备需要时检索。

HAZOP分析报告应包含的基本内容是：危险与可操作性问题的详情，以及现有的安全措施；对需要深入研究的问题提出建议；对分析期间的不确定情况的处理说明；对发现的问题提出的建议和措施；对操作和维护程序中关键点的说明；每次会议的小组成员名单；系统中某些部分未做HAZOP分析的原因；分析小组使用的所有资料的清单。

6.后续跟踪

HAZOP分析后续跟踪应注意的问题。项目经理（委托方）负责对分析结果进行跟踪调查，并确保分析得出的建议或措施得以执行；当落实HAZOP建议可能造成重大设计变更时，标准规定应在执行设计变更前，对重大设计变更进行分析，以确保不会出现新的危险与可操作性问题或维护问题。

7.审查

考虑到不同行业的具体情况，HAZOP分析的程序和分析结果可接受业主（用户）内部或法律规定的审查。须审查的标准和事项应在业主（用户）程序文件中列明，其中包括：人员、程序、准备工作、记录文档和跟踪情况。审查还应包括对技术方面的全面检查。

三、工作安全分析

工作安全分析（JSA）是一个识别作业过程中潜在危险因素，进而提出控制措施，从而减少甚至消除事故发生的工具。JSA把一项作业分成几个步骤，识别每个步骤中可能发生的问题和危险，进而找到控制危险的措施。

工作安全分析是用来评估任何确定的活动相关的潜在危害，保证风险最小化的方法。对于大型或复杂的任务，初始的JSA可以进行桌面演习。然而，一个关键原则是，适当的工作是在现场完成的。

1.目的与作用

工作安全分析的目的与作用有如下内容。

①关注日常的操作。②可以是企业全员参与。③提高对危害的认识。④提高识别新的危害的能力。⑤制定完善的操作规程（SOP）。⑥提高安全标准，改善工作条件。⑦落实正确的控制措施（方案）。⑧消除重大危害，减少

事故。

2. 如何界定是否做JSA的作业任务

如下内容是衡量和界定要做JSA作业任务的标准。

①可能发生事故或严重伤害事故的作业。②员工暴露于能量或有害物质存在的环境。③作业任务变换。④非常规（临时）性工作。⑤类似工作曾经发生过事故或险情。⑥遇到技术问题的复杂性。⑦大量的废物产生和可能有产品泄漏损失。⑧需要员工在单独的隔离区工作。⑨新员工负责的工作，或从未做过的工作。⑩可能与其他方有冲突的作业环境。⑪要做现有作业的评估。

3. 工作安全分析工作职责

对一个企业来说，工作安全分析涉及其方方面面，人员涉及全体，有管理层、主管、JSA组长、JSA成员、作业人员等，基本涵盖了企业各个层级的人员。各层级的具体职责分别介绍如下。

（1）管理层的职责。①消除和降低作业危害。②控制风险源。③确保进行适当的JSA。④确保所有的JSA被记录、审查和保存。⑤确保公司内的适当的JSA审批和沟通程序。⑥确保有足够的信息、指导、员工培训，保证员工有相关能力。

（2）主管的职责。①审查工作以确定是否需要做JSA。②确保在其职责范围内的作业均根据要求进行安全分析和危害识别。③确保危害控制均按照要求实施。④如果风险仍然不能接受，考虑重新进行JSA。⑤与员工交流详细的工作要求，安排人员和明确职责。⑥确保所有参与人员有机会进一步识别危害和制定控制措施。⑦确保所有参与人员对JSA识别的危害性和控制措施取得一致意见。⑧确保在公司内分享相关的经验和教训。

（3）JSA组长的职责。①负责组织作业人员进行JSA。②确保参与人员了解如何进行JSA。③负责保证JSA的进行质量。④确保JSA成员具备相关的经验和能力。⑤确保JSA是根据要求系统地开展。⑥确保在JSA的过程中安排作业现场巡查。⑦确保分析结果得到小组的一致同意。⑧确保JSA被记录和保存，并在适当的时候进行更新。

（4）JSA成员的职责。①积极参与JSA。②帮助识别危害和制定防护措施，以排除危害和降低风险。③发现不足，协助持续改进。

（5）作业人员的职责。①了解作业场所危害和控制措施。②随时掌握工作进度和监测作业及周围环境状况。③如果担心或发现安全隐患，立即停止作业并向上级报告。④在作业前安全会上分享自己的经验和教训。⑤识别和吸取经验教训。

4. JSA通常采取的步骤

实施作业任务的小组成员负责准备JSA。将作业任务分解成几个关键的步骤，并将其记录在作业安全分析表中。

（1）工作分析安全的准备。每个部门制定作业的清单，分析各个环节可能会出现的问题并列出相应的危害。

（2）选择要分析的工作。对危险的工作，那些发生过事故的工作，并对潜在的危险所涉及的工作进行深入分析，对新的工作和那些不常进行的工作，都要做分析。对于需要采取进一步控制措施的危害，可通过提问"针对这项危害，如何预防与控制？我们还能做些什么以将风险控制在更小的范围？"分析问题，并提出控制措施。

（3）把工作安全分析分成连续的几个步骤。对每一个步骤，须回顾可能存在的危险。为了识别危险，可以对自己提问题：是否有转动机械造成伤害，是否存在触电的危险，工作人员是否会跌倒、撞击，是否存在高处作业造成高处坠落的危险；现场环境是否有粉尘、噪声的伤害，作业时是否存在有毒液体、气体泄漏对健康、环境造成伤害等。

（4）识别现在的危害和潜在的安全危险。如与正常工作相关的危险，和非正常工作相关的危险，以及由于工作改变所造成的危险。

（5）制定预防措施。①从危险源头来抓控制。采取消除、取代、隔离、自控以及变更进行安全控制。②对源头到工人之间的过程进行安全预防和安全控制。如生产现场的各种安全设施，生产现场进行的安全通风，生产过程进行的安全联锁等均是安全控制的有效手段。③从终点（工人）终结危险，如操作工人所执行的标准和作业的安全程序，操作工人穿着的防护用品等。

（6）定期回顾JSA。定期回顾安全分析工作或当实际工作发生变化时，都要进行工作安全分析。当发生意外事故或未遂事故时，都要进行工作回顾和工作安全分析。当进行安全检查发现新的危险时都要进行新的工作安全分析。

（7）培训与沟通交流。对员工每半年进行一次JSA安全培训，并在培训结束后与员工进行安全信息交流，从中发现问题，进而解决问题，以利于今后的安全生产。

JSA工作流程见图5-6。

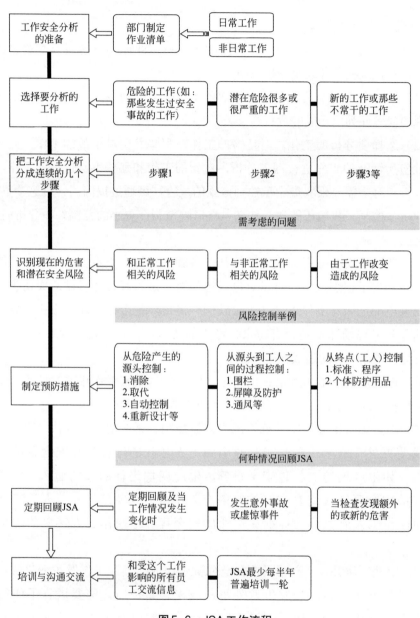

图5-6 JSA工作流程

5. JSA管理步骤

一般来说JSA管理步骤有五步,即:工作任务的审查、JSA工作的实施、作业许可和风险沟通、现场监控、总结和反馈。见图5-7。

图 5-7　JSA管理步骤

（1）工作任务审查。

① JSA工作存在的问题。a.安全意识重视程度不高。审查人员安全意识与形势要求存在差距，存在麻痹大意，对工作细节重视不够，存在"尽职即免责"的错误认识，没有把高质量作为安全工作的落脚点。对审查调查态度不端正，对审查调查对象存在呼来喝去、口大气粗、冷漠生硬等情况。b.安全制度执行不到位。对制度规定落实的主动性、积极性不够，在制定初步核实、立案审查方案时，安全职责不清晰，风险评估不充分，落实安全防范要求措施不具体，对谈话室、录音录像设备设施建立不规范，对谈话工作人数、时间、记录等具体要求不重视，容易出现安全责任脱管现象。c."走读式"谈话安全仍存在隐患。谈话前准备工作不充分，未进行详细摸底，对谈话对象身体、心理、性格、家庭等情况知之甚少，工作预案"千人一面""点到为止"，缺乏针对性和可操作性。思想政治工作能力不足，重核查、轻疏导，谈话后未做好思想解压，管控措施和回访跟踪不到位，对是否安全到达、个人情绪是否稳定、思想状态是否端正等情况了解不及时。

② 做好审查调查安全工作对策分析。a.强化安全意识，做好基础性工作。增强"安全问题、安全事件、安全事故就在身边"的忧患意识，增强抓实审查调查安全工作的责任感和紧迫感，查办每一起案件，要充分体现严管和厚爱结合、激励和约束并重，实现制度约束有硬度、批评教育有力度、组织关怀有温度。实际工作调查核实过程中，如涉及安全隐患风险的，要慎之又慎，集体分析研究，将问题线索暂缓调查，不要为了追求审查调查数量而冒风险，要始终坚持审查调查高质量发展的理念思路，坚持稳中求进、实事求是。b.加强教育引导，落实走读谈话全程管控。突出抓好"走读式"安全这个重中之重，坚持防范为先、全程管控，规范谈话前评估预判、谈话中思想疏导、谈话后跟踪回访等环节，把事前评估摸底、事中管控减压、事后交接回访等环节做深、做实、做细。通过专题研究，对谈话对象个人情况进行全面了解、综合评估，掌握个人履历、身体状况、性格特点、家庭关系、工作表现、为人处世等方面情况，

制定周密的工作方案及安全预案,坚持"一人一策"。谈话必须在符合规定的场所进行,必须同步录音录像,必须配备安全检查设备,必须进行必要的安全检查,并根据实际情况,及时调整工作策略,确保谈话室硬件安全。c.立足教育感化,做实、做透思想政治工作。审查调查工作是做人的工作,审查调查工作的目的是教育人、挽救人,针对谈话对象个人情况及案件情况,有针对性地做好思想政治工作。要进行正面引导,有侧重地做好思想疏导,特别是对心理压力、思想压力较大的谈话对象,谈话结束时应对其做好心理减压和安抚疏导工作,帮助其放下思想包袱,消除心理不稳定因素。同时,强化对协助调查对象的保护,在符合安全标准的前提下,在谈话场所选择上可以尊重对象意见,讲明关于协助调查对象保护的相关规定,帮助建立"思想防线"。并结合谈话对象实际情况和谈话中的表现精准施策,做好跟踪回访,对存在的疑虑再解答、再开导。d.树立系统思维,建立完善风险排查检查机制。将审查调查工作纳入日常工作,坚持经常抓、抓经常,实现坚持中深化、深化中坚持,严格对照上级规范要求,在认清安全工作现状的基础上,通过自查及交叉抽查案卷、检查谈话场所、建立问题台账等方式,全面排查安全工作中存在的风险和隐患,从宏观把握、从细节入手,做到横向到边、纵向到底,及时采取措施以防患于未然,确实履行职责,强化安全监管,力求做到对JSA工作审查中存在的突出问题和漏洞心中有数、手中有策、应对有效。结合有关通报中指出的问题,围绕工作实际,举一反三,对照整改,针对安全事故事件易发多发的重点部位和薄弱环节,不断完善措施方法,全面提升执纪审查安全工作水平,坚决避免安全事故事件发生。

(2)JSA工作的实施。

① 在实际工作中应严格落实控制措施,做好作业过程的监督,特别要注意工作人员的变化和工作场所出现的新情况以及未识别出的危害。

② 任何人都有权利和责任停止他们认为不安全的或者风险没有得到有效控制的工作。

③ 如果作业过程中出现新的隐患或发生未遂事件和事故,应停止作业,审查JSA结论,重新进行JSA。

(3)作业许可和风险沟通。

①作业许可。企业应对临近高压输电线路作业、危险场所动火作业、有限空间作业、临时用电作业、爆破作业、封道作业等危险性较大的作业活动,实施作业许可管理,严格履行作业许可审批手续。作业许可应包含安全风险分析、

安全及职业病危害防护措施、应急处置等内容。

作业许可实行闭环管理。作业环境和作业条件要求如下。

a.企业应事先分析和控制生产过程及工艺、物料、设备设施、器材、通道，以及作业环境中存在的安全风险。b.生产现场应实行定置管理，保持作业环境整洁。c.生产现场应配备相应的安全、职业病防护用品（具）及消防设施与器材，按照有关规定设置应急照明、安全通道，并确保安全通道畅通。d.企业应对作业人员的上岗资格、条件等进行作业前的安全检查，做到特种作业人员持证上岗，并安排专人进行现场安全管理，确保作业人员遵守岗位操作规程和落实安全及职业病危害防护措施。e.企业应采取可靠的安全技术措施，对设备能量和危险有害物质进行屏蔽或隔离。f.两个以上作业队伍在同一作业区域内进行作业活动时，不同作业队伍相互之间应签订管理协议，明确各自的安全生产、职业卫生管理职责和采取的有效措施，并指定专人进行检查与协调。g.危险化学品生产、经营、储存和使用单位的特殊作业，应符合有关标准和规范的规定。作业许可管理规定与专项作业许可管理规定的关系见图5-8。

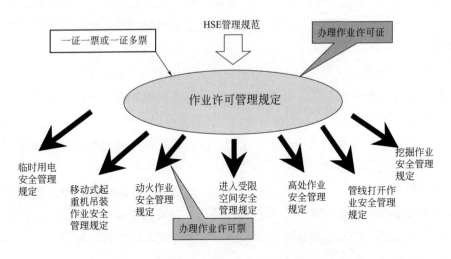

图5-8 作业许可管理规定与专项作业许可管理规定的关系

② 风险沟通。JSA小组开始分析每一步作业可能存在的风险。根据以往的经验，对以往事故的认识和对典型危害的回顾，列出可能出错的地方，把可能出错的每一个危害都列出来进行风险分析。如：作业程序是否正确、合理；作业过程中某阶段可能出现哪些危险；人员配备是否合理，人员的能力是否满足作业的要求；设备、器材、工具和劳动防护用品是否满足安全要求；作业环境

的影响如何；沟通方式是否有效；督促机制是否完善。

制定消除潜在危险的预防措施。消除危害的方法有：另选作业程序；修正作业程序；用危害较小的物质取代危害较大的；改善工作环境（如通风）；隔离区域；停止附近的作业；改装或更换设备或工具等。

与所有的工作人员进行沟通。参与工作任务的每个人应理解：完成本工作所涉及的所有活动细节，包括他们自己的活动和其他人的活动，在各阶段每个人的行为和责任。向参与工作的全部或部分人员提供机会，使他们进一步认识那些识别时可能遗漏的危险及控制措施。这对于识别工作场所那些在以上阶段未被人注意的危险来说有用。让所有的工作人员都知道，如果条件或人员发生变化，或在实际作业时，原先的假设条件不成立，应对风险进行重新分析，如果有影响，应立即停止工作。

（4）现场监控。生产作业现场是一个动态、复杂、多变的环境，是物质、信息、人员的动态交汇的场所，是企业安全管理的聚焦点。据杜邦资料显示，全国各类安全事故的90%以上发生在生产现场。因此，强化生产现场的安全管理是做好安全生产工作的重中之重，是减少和杜绝事故发生的重要措施，是实现安全生产目标的重要途径。抓好生产现场安全管理，在实践中应从以下几个方面入手。

① 要在思想上高度重视安全生产管理。无论是一个单位还是一个人，即使具备完成安全作业的能力，如果思想麻痹，缺乏正确的安全态度，安全生产就无法保障。因此，生产现场安全管理，首先要抓好员工思想教育。a.要在班组形成强大的安全思想攻势及安全文化氛围，以舆论宣传征服人心，以强化安全意识推动安全工作，并针对不同时期员工队伍中产生的松动情绪和麻痹思想，及时敲响警钟，防止思想麻痹、事故冒头。b.要动之以情，晓之以理，组织员工分析事故案例，以事实算"三笔账"（给个人、家庭带来痛苦的账，给企业带来经济损失的账，给社会造成不良影响的账）的方式，激发员工抓好安全生产的自觉性并提高责任感。

② 要在技术上强化安全生产管理。员工操作技能不熟、操作方法不当也是造成现场安全事故的原因。因此必须建立好安全技术防线，加强对员工安全技术知识的教育和安全操作技能的培训。a.可以制定现场操作指导书以规范作业流程并严格培训和实施。b.可以开展岗位技术练兵、操作技能竞赛等活动，提高职工安全技能。

③ 要在组织上、奖惩上落实安全生产管理。严密组织机构，明确职

责、落实责任,这是搞好现场安全管理的前提条件。a.可以成立安全检查小组、安全督查组,定期召开安全办公会、督查会,解决处理现场管理中的重点、难点问题,提出现场管理的目标和要求,从组织上为搞好现场管理提供保障。b.要到现场多检查、多监督。对发现的违章行为该处罚的就处罚,该教育的就教育。决不迁就姑息、避重就轻。对重视安全生产、对安全生产有贡献的该表扬的就表扬,该奖励的就奖励。在公司营造安全生产真抓实干的气氛。

(5)总结和反馈。作业任务完成后,作业人员应进行总结,如果发现JSA过程中的缺陷和不足,应及时向JSA小组反馈,由JSA小组提出完善作业程序的建议。

四、杜邦过程风险管理

杜邦公司经过200多年的发展历程,对过程安全管理形成了一套科学有效的体系,他们称之为过程安全管理体系。在这个体系中不仅限于过程安全管理,体系中还包括设备和人员的管理,应该是全过程的安全管理。过程安全管理的定义为运用管理系统和控制(规划、程序、审核、评估)于一个生产过程中,使过程危害得到识别,得到理解和控制,从而使与工艺相关的伤害和事故得到预防。因为杜邦主要从事化工生产,下面就杜邦公司化工过程的风险管理为例,阐述如下。

1.化工过程危险辨识要点

(1)生产原料的危险辨识。在化工生产过程中,必然会用到各种危险性较高的原材料,这些生产原料无论就物理属性还是就化学性质,或是就化学反应后的产物来讲,都存在较大差异。其中有许多生产原料因燃烧特性、结构稳定性、化学反应活性等方面的差异,在生产过程中很容易产生爆炸、腐蚀、毒害等,因此必须加强对化工生产原料危险辨识,并将其控制在合理范围内。

(2)设备的危险辨识。无论是原料还是半成品、成品,在投入生产前,都必须做好储藏工作,若是储存设备存在安全漏洞就很容易带来无法预估的损害。此外,化工生产需要有特殊设备作支持,而这些设备必须符合原料的化学反应特性,并满足材料质量要求和技术标准,一旦设备存在性能缺陷,也很容易产生无法预估的损害。

(3)对输送管道的危险辨识。化工生产过程中,相关主体必须加强对输送

管道的风险辨识，尤其是输送危险性较高的化学物质时，更要确保管道性能的完好性，保证输送管道具备较强的抗高温性、防爆破性、抗腐蚀性，避免发生有害物质的渗漏。而在对输送管道的危险辨识中，一定要重点对管道连接处、拐角处等进行辨识，确保管道密闭性。

2.化工过程风险管控

化工过程一般是指企业在生产过程中，通过化学反应等方式将原料转化为产品所需运用到的生产工艺。严格来讲，包括人工或机器自动化操作流程的每一个环节，所有可能发生的危险及其隐患都属于危险化工工艺，其类别由我国国家安全监管部门划分为氧化工艺、氯化工艺、电解工艺等十五类。

（1）化工设施的安全评价。

① 化工设施在化学反应生产过程中的安全性。化工设施按照一定的程序和方法对原材料进行加工，从而使化学原材料的性质、能量等发生变化，这一过程，不但会对原材料产生作用，同时也会反作用于化学设施本身。有时也会影响到化学设施的安全。一般而言，化工流程分为连续工艺和间歇工艺两种类型，相比较而言，后者的流程较为简单，容错率较高，对原材料要求比较低，因此其应用更加广泛。

② 化学反应的激烈程度选择。由原材料生产出所需的化工产品，一般要经过各种各样的化学反应路线。同一化学产品可以有不同的反应路线。这时就需要综合进行评判，尽量选择过程平稳、危险系数小的反应路线，同时通过采用高新技术把危险系数降到最小，同时考虑成本因素，提高原材料利用率，减少废料，降低危险发生的概率。

③ 安全防护设施的可靠性。在化工原材料进行化学反应的时候，必要时可以采用一定的防护设施，从而规避事故危险。必须综合分析和研判化学反应过程中可能发生的风险和意外情况，并针对性地提出防护方案，通过采用防护设施设备，提高安全性，防范意外发生。

（2）安全评价分级。组织制定的"危险工艺风险辨识取值表"，为企业区分危险程度提供了部分参考指标，但要想真正发挥安全等级制度的作用，企业应当结合自身情况建立自己的危险工艺风险辨识取值量表，通过量化指标来进一步明确危险性。可以根据造成危害后果的不同划分危险程度等级，再把不同等级的危险设定相应分值，比如将分值范围设置为1～10分，危害后果在1小时内能够排除的设置为1分，危害后果在2小时内能够排除的设置为2分，根据实际生产情况设定具体区间，时间越长，分值越高。通过上述方法能较为客观地衡量风险等级,进而为企业安全评价和自我审查提供有针对性的分析结果。

(3)提高技术人员素质。由于化工生产具备一定难度,所以对相关人员有着很强的技术要求,以确保其工作手段的合理性。因此,对化工企业来说,应重视对技术人才相关技能的提升,让其可在自己的工作岗位上发光发热,不断取得自身工作素质的提升。对此,可以通过培训的方式,来促进技术人员对专业技术的掌握,促进知识的实时更新,使相关技术人员始终学习到先进的技术知识,以降低化工生产过程中,因人为操作失误,或是人员能力不足,而对化工生产所造成的影响。

(4)建立监控预警系统。良好的监控防范,有利于在短时间内对危险因素予以抑制,使危险因素造成的损失降到最低。所以,对化工企业来说,应建立一套健全的监控预警系统,使化工工艺过程的各个步骤都在监控之中,使危险因素能够在第一时间予以发现,以降低事故在化工生产过程中的概率,实现对相关技术人员人身安全的有效保障。另外,通过监控预警系统的建立,还能够使整个化工生产过程处于真实、透明的环境之中,让相关工作人员都能够以严格的标准来规范自身工作行为,提升工作人员实际工作效率及质量,以在最大限度上避免发生事故,从而实现对过程安全的切实管控。

第四节 应急响应和应急预案

一、应急管理

应急管理是推进企业治理体系和治理能力现代化的重要组成部分。加强应急管理工作,保障职工群众生命财产安全,促进社会和谐稳定,是企业治理体系和治理能力现代化的重要内容。新时代的应急工作应该怎么做?应急并不意味着只是为了"急",应急管理也包含着预防为主的理念,为了做好应急,也一定需要风险管理。工作思路从"应急管理"转向"风险管理",工作重心从"以事件为中心"转向"以风险为中心",工作方法从单纯"事后应急"转向"事前预警、事中防控",强调全方位、全覆盖、全生命周期的风险管理理念。通过开展应急管理教育培训,让大家牢固树立安全发展理念,健全企业安全体系,打造企业安全治理格局,提升防灾减灾和应急救援能力,提高企业安全保障水平,为职工群众营造安居乐业、幸福安康的生产生活环境。应急救援程序见图5-9。

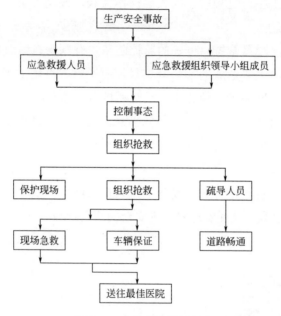

图5-9　企业应急救援程序

1. 概述

应急管理工作内容概括起来叫作"一案三制"。"一案"是指应急预案,就是根据发生和可能发生的突发事件,事先研究制订的应对计划和方案。"三制"是指应急工作的管理体制、运行机制和法制。

一要建立健全和完善应急预案体系。就是要建立"纵向到底,横向到边"的预案体系。所谓"纵",就是按垂直管理的要求,从国家到省到市、县、乡镇各级政府和基层单位都要制订应急预案,不可断层;所谓"横",就是所有种类的突发公共事件都要有部门管,都要制订专项预案和部门预案,不可或缺。相关预案之间要做到互相衔接,逐级细化。预案的层级越低,各项规定就要越明确、越具体,避免出现"上下一般粗"现象,防止照搬照套。

二要建立健全和完善应急管理体制。主要建立健全集中统一、坚强有力的组织指挥机构，发挥我们国家的政治优势和组织优势，形成强大的社会动员体系。建立健全以事发地党委、政府为主、有关部门和相关地区协调配合的领导责任制，建立健全应急处置的专业队伍、专家队伍。必须充分发挥人民解放军、武警和预备役民兵的重要作用。

三要建立健全和完善应急运行机制。主要是要建立健全监测预警机制、信息报告机制、应急决策和协调机制、分级负责和响应机制、公众的沟通与动员机制、资源的配置与征用机制，奖惩机制和城乡社区管理机制等。

四要建立健全和完善应急法制。主要是加强应急管理的法治化建设，把整个应急管理工作建设纳入法制和制度的轨道，按照有关的法律法规来建立健全预案，依法行政，依法实施应急处置工作，要把法治精神贯穿于应急管理工作的全过程。

2. 应急管理主要内容

（1）事故预防。在应急管理中预防有两层含义：一是事故的预防工作，即通过安全管理和安全技术等手段，尽可能地防止事故的发生，实现本质安全；二是在假定事故必然发生的前提下，通过预先采取的预防措施，来达到减少或降低事故的影响或后果严重程度，如加大建筑物的安全距离、进行工厂选址的安全规划、减少危险物品的存量、设置防护墙，以及开展公众教育等。从长远观点看，低成本、高效率的预防措施，是减少事故损失的关键。

（2）应急准备。应急准备是应急管理中一个极其关键的过程，它是针对可能发生的事故，为迅速有效地开展应急行动而预先所做的各种准备，包括应急体系的建立，有关部门和人员职责的落实，预案的编制，应急队伍的建设，应急设备（施）、物资的准备和维护，预案的演习，与外部应急力量的衔接等，其目标是保持重大事故应急救援所需的应急能力。

（3）应急响应。应急响应是在事故发生后立即采取的应急与救援行动。包括事故的报警与通报、人员的紧急疏散、急救与医疗、消防和工程抢险措施、信息收集与应急决策、外部救援等，其目标是尽可能地抢救受害人员、保护可能受威胁的人群，尽可能控制并消除事故。应急响应可划分为两个阶段，即初级响应和扩大应急。初级响应是在事故初期，企业应用自己的救援力量，使事故得到有效控制。但如果事故的规模和性质超出本单位的应急能力，则应请求增援和扩大应急救援活动的强度，以便最终控制事故。

（4）应急恢复。恢复工作应该在事故发生后立即进行，它首先使事故影响区域恢复到相对安全的基本状态，然后逐步恢复到正常状态。要求立即进行的恢复工作包括事故损失评估、原因调查、清理废墟等，在短期恢复中应注意的是避免出现新的紧急情况。长期恢复包括厂区重建和受影响区域的重新规划和发展，在长期恢复工作中，应吸取事故和应急救援的经验教训，开展进一步的预防工作和减灾行动。

3.应急管理的主要做法

（1）加强应急救援指挥平台建设。企业应建设涵盖危险源监控、重点企业监控、应急指挥、日常业务管理、会议视频系统于一体的安全生产综合监管平台，并实现与当地政府应急指挥中心平台互联互通；其他负有安全监管职责的部门负责建立覆盖本行业领域重点监管企业的视频监控平台。企业通过安全生产监测预警平台，实现对重大危险源的实时监测；建立各类数据库，形成完整的应急救援指挥平台数据库支撑系统；建立功能分级决策指挥系统，实现各级应急指挥平台互联互通；实现企业安全监管机构之间数据、语音、视频的互联互通。

（2）加强应急预案管理工作。认真贯彻落实国家《生产安全事故应急预案管理办法》《企业安全生产应急管理九条规定》等规定，建立健全安全生产应急预案体系，切实做好应急预案的编制、修订完善、评审、备案、演练、教育培训等工作。

① 加强预案编制、修订完善、评审、备案工作。各级各部门各单位要根据安全生产工作实际和特点，编制、修订适合本单位应急救援工作需要的安全生产事故综合、专项应急预案，进一步提高应急预案编制质量，增强预案的针对性、科学性、实用性和可操作性。对燃气、危险化学品、非煤矿山等高危行业里的重要生产装置、重大隐患、重大危险源"量身定制"专项预案，做到"一台一案""一患一案""一源一案"，实现应急预案的全覆盖。同时，围绕提高应急预案的操作性、耦合性，定期组织专家开展预案评审，确保企业应急预案之间、企业应急预案与部门应急预案之间，以及企业应急预案与企业周边区域的社区、单位、学校应急预案之间的有机衔接、无缝对接，形成政府综合预案、部门专项预案、企业预案有机衔接的预案体系。企业的安全生产事故综合和专项应急预案必须按照《生产经营单位生产安全事故应急预案编制导则》（GB/T 29639—2021）编制，并组织有关安全生产专家或应急管理专家评审，评审结果报政府应急管理局备案。

② 加强预案宣传教育培训工作。强化应急管理知识宣传普及，将应急管理知识培训纳入普法范畴，采取多种形式宣传应急预案的主要内容、应急处置程序，普及事故灾难预防、避险、报警、自救、互救等知识，提高公众应对各种突发事件的意识和能力。加强应急知识普及和面向企业一线员工的应急技能培训，依法推动企业落实从业人员应急技能培训要求，突出重点岗位和班组、车间等一线从业人员的应急处置技能培训，使其熟练掌握应急处置措施，提高对安全生产事故先期处置和自救互救能力。

③ 加强预案演练工作。加强演练检验预案，按照"贴近实战、锻炼队伍"的原则，采取仿真模拟、桌面推演、功能演练和小型实践演练等形式，各级各部门各单位要积极组织安全生产应急演练活动，严格落实演练次数，强化演练效果。通过演练，及时总结分析，查找、改进不足，增强预案体系建设的科学性，提高全员快速反应能力。应急演练要用文字、图片、录音、录像等资料完整记录、归档存查。高危行业企业每年至少组织开展一次综合应急预案演练，每半年组织一次专项应急预案演练。认真组织开展好安全生产月中"应急预案演练周"活动。要以安全生产月活动为契机，制定"应急预案演练周"活动具体实施方案，采取多种形式开展应急预案演练，将"应急预案演练周"活动开展情况上报属地应急管理局。

（3）加强应急处置工作。一是坚持"属地为主、条块结合、精心组织、科学施救"的原则，严格事故应急处置的企业主体责任和当地政府的组织指挥责任，实行总指挥负责制，加强统筹协调，科学调度各类应急救援队伍和救援物资装备，强化救援现场的警戒疏散、监测与管制，确保救援工作高效有序。二是完善事故应急处置相关工作制度，推动各行业建立健全事故应急处置分级指导配合制度、总结与评估制度、应急处置奖励与责任追究制度，采取有力措施，加大落实力度，提高事故应急处置工作规范化水平。三是加强舆情引导，按照有关规定准确上报和及时发布事故应急处置工作信息，稳妥做好善后处置工作，尽快消除事故影响，恢复正常秩序，保证社会稳定。

（4）深入开展应急管理工作执法检查。创新安全生产应急管理执法检查实践，加强属地监管，强化执法监督，规范执法内容，加大惩处力度，推动应急管理工作规范化、制度化、常态化。要加大安全生产应急管理工作执法检查力度，定期或不定期组织开展以规章制度建立、应急预案管理、应急培训演练、队伍建设、应急装备配备、应急救援资产监管等为重点的执法检查工作，对未认真贯彻落实应急管理工作各项规定的将依法从严查处，并建立完善企业应急

过程安全管理机制

163

管理违法违规信息库，公开向社会曝光一批非法违法典型案例，形成有力震慑，推动执法检查落实。

（5）加强应急值守，做好信息报送。建立健全领导带班、工作人员轮流值班的应急值班制度，坚持24小时值守，保证通信渠道畅通。严格执行重大事项报告、登记、交接班制度，向社会公布应急值班电话号码和应急邮箱地址。修订完善安全生产事故应急预案，一旦遇到紧急突发安全生产事故，立即启动相关应急预案，单位领导要迅速赶赴现场，组织开展抢险救援、善后处理等工作，同时，事故单位要及时准确上报事故信息，坚决杜绝事故瞒报、漏报、误报、迟报现象。

二、应急预案

应急预案是为应付实际的或潜在的严重危险事故损失而制订的计划，包括抢救活动和企业在损失后如何恢复生产经营活动等。应急工作是否有效，取决于企业是否在任何时候都有一些能应付紧急情况的、训练有素的人员及必要的装备。实际应急计划还涉及针对各种危险事故损失情况提出的应变反应。它规定了在不同情况下应采取的步骤、方法和措施，并指定人们各守其职。

1.应急预案的编制

2020年9月29日，国家市场监督管理总局、国家标准化管理委员会发布《生产经营单位生产安全事故应急预案编制导则》（GB/T 29639—2020，以下简称《导则》），《导则》于2021年4月1日实施。在这个国家标准中对生产经营单位生产安全事故应急预案的编制给出了规定。生产经营单位应急预案编制程序包括成立应急预案编制工作组、资料收集、风险评估、应急资源调查、应急预案编制、桌面推演、应急预案评审等步骤。

（1）成立应急预案编制工作组。结合本单位职能和分工，成立以单位有关负责人为组长，单位相关部门人员（如生产、技术、设备、安全、行政、人事、财务人员）参加的应急预案编制工作组，明确工作职责和任务分工，制订工作计划，组织开展应急预案编制工作。预案编制工作组中应邀请相关救援队伍以及周边相关企业、单位或社区代表参加。

（2）资料收集。应急预案编制工作组应收集如下相关资料。

① 适用的法律法规、部门规章、地方性法规和政府规章、技术标准及规范性文件；②企业周边地质、地形、环境情况及气象、水文、交通资料；③企业

现场功能区划分、建（构）筑物平面布置及安全距离资料；④企业工艺流程、过程参数、作业条件、设备装置及风险评估资料；⑤本企业历史事故与隐患、国内外同行业事故资料；⑥属地政府及周边企业、单位应急预案。

（3）风险评估。开展生产安全事故风险评估，撰写评估报告，其内容包括但不限于：

① 辨识生产经营单位存在的危险有害因素，确定可能发生的生产安全事故类别；②分析各种事故类别发生的可能性、危害后果和影响范围；③评估确定相应事故类别的风险等级。

（4）应急资源调查。全面调查和客观分析本单位以及周边单位和政府部门可请求援助的应急资源状况，撰写应急资源调查报告，其内容包括但不限于：

① 本单位可调用的应急队伍、装备、物资、场所；②针对生产过程及存在的风险可采取的监测、监控、报警手段；③上级单位、当地政府及周边企业可提供的应急资源；④可协调使用的医疗、消防、专业抢险救援机构及其他社会应急救援力量。

（5）应急预案编制。

① 应急预案编制应当遵循以人为本、依法依规、符合实际、注重实效的原则，以应急处置为核心，体现自救互救和先期处置的特点，做到职责明确、程序规范、措施科学，尽可能简明化、图表化、流程化。

② 应急预案编制工作包括但不限于下列内容。

a.依据事故风险评估及应急资源调查结果，结合本单位组织管理体系、生产规模及处置特点，合理确立本单位应急预案体系；b.结合组织管理体系及部门业务职能划分，科学设定本单位应急组织机构及职责分工；c.依据事故可能的危害程度和区域范围，结合应急处置权限及能力，清晰界定本单位的响应分级标准，制定相应层级的应急处置措施；d.按照有关规定和要求，确定事故信息报告、响应分级与启动、指挥权移交、警戒疏散方面的内容，落实与相关部门和单位应急预案的衔接。

（6）桌面演练。按照应急预案明确的职责分工和应急响应程序，结合有关经验教训，相关部门及其人员可采取桌面演练的形式，模拟生产安全事故应对过程，逐步分析讨论并形成记录，检验应急预案的可行性，并进一步完善应急预案。

（7）应急预案评审。

① 评审形式。应急预案编制完成后，生产经营单位应按法律法规有关规定

组织评审或论证。参加应急预案评审的人员可包括有关安全生产及应急管理方面的、有现场处置经验的专家。应急预案论证可通过推演的方式开展。

②评审内容。应急预案评审内容主要包括：风险评估和应急资源调查的全面性、应急预案体系设计的针对性、应急组织体系的合理性、应急响应程序和措施的科学性、应急保障措施的可行性、应急预案的衔接性。

③评审程序。应急预案评审程序包括下列步骤。

a.评审准备。成立应急预案评审工作组，落实参加评审的专家，将应急预案、编制说明、风险评估、应急资源调查报告及其他有关资料在评审前送达参加评审的单位或人员。

b.组织评审。评审采取会议审查形式，企业主要负责人参加会议，会议由参加评审的专家共同推选出的组长主持，按照议程组织评审；表决时，应有不少于出席会议专家人数的三分之二同意，方为通过；评审会议应形成评审意见（经评审组组长签字），附参加评审会议的专家签字表。表决的投票情况应以书面材料记录在案，并作为评审意见的附件。

c.修改完善。生产经营单位应认真分析研究，按照评审意见对应急预案进行修订和完善。评审表决不通过的，生产经营单位应修改完善后按评审程序重新组织专家评审，生产经营单位应写出根据专家评审意见的修改情况说明，并经专家组组长签字确认。

2.应急预案的体系

生产经营单位应急预案分为综合应急预案、专项应急预案和现场处置方案。生产经营单位应根据有关法律法规和相关标准，结合本单位组织管理体系、生产规模和可能发生的事故特点，科学合理确立本单位的应急预案体系，并注意与其他类别应急预案相衔接。

（1）综合应急预案。综合应急预案是生产经营单位为应对各种生产安全事故而制定的综合性工作方案，是本单位应对生产安全事故的总体工作程序、措施和应急预案体系的总纲。

（2）专项应急预案。专项应急预案是生产经营单位为应对某一种或者多种类型生产安全事故，或者针对重要生产设施、重大危险源、重大活动防止生产安全事故而制定的专项工作方案。专项应急预案与综合应急预案中的应急组织机构、应急响应程序相近时，可不编写专项应急预案，相应的应急处置措施并入综合应急预案。

（3）现场处置方案。现场处置方案是生产经营单位根据不同生产安全事故类型，针对具体场所、装置或者设施所制定的应急处置措施。现场处置方案重点规范事故风险描述、应急工作职责、应急处置措施和注意事项，应体现自救互救、信息报告和先期处置的特点。

事故风险单一、危险性小的生产经营单位，可只编制现场处置方案。

应急预案体系见图5-10。

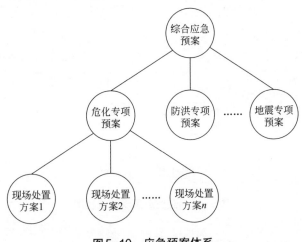

图5-10 应急预案体系

三、应急演练

杜邦对所有的事故类型都进行演练，且每个员工都实实在在地参与到演练过程当中。

不仅是安全事故要应急演练，其他各种异常紧急情况都必须演练，如油气供应中断、油气泄漏等。这样做虽然投入的精力和财力比较大，但取得的安全效益更大，损失浪费也就更少。

通过一次次事故演练来提高全体员工的应变能力，这也是杜邦人才培养的方式之一。优化人永远比优化资产更重要，只有打造出了不起的员工，才能造就了不起的杜邦。企业应急演练流程图见图5-11。

1. 应急演练种类

应急演练分为桌面演练、功能演练和全面演练三种形式。

（1）桌面演练（桌面推演）。桌面演练是指由应急组织的代表或关键岗位人员参加的，按照应急预案及其标准工作程序，讨论紧急情况时应采取行动的演练活动。桌面演练的特点是对演练情景进行口头演练，一般是在会议室内举行。

其主要目的是锻炼参演人员解决问题的能力,以及解决应急组织相互协作和职责划分的问题。

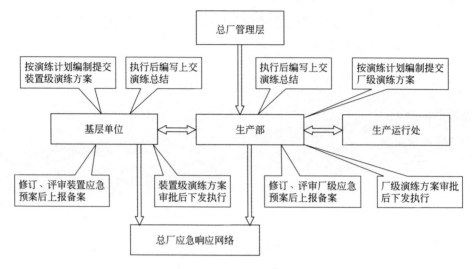

图5-11 企业应急演练流程图

桌面演练一般仅限于有限的应急响应和内部协调活动,应急人员主要来自本地应急组织,事后一般采取口头评论形式收集参演人员的建议,并提交一份简短的书面报告,总结演练活动和提出有关改进应急响应工作的建议。桌面演练方法成本较低,主要是为功能演练和全面演练做准备。

(2) 功能演练。功能演练是指针对某项应急响应功能或其中某些应急响应行动举行的演练活动,主要目的是针对应急响应功能,检验应急人员以及应急体系的策划和响应能力。例如,指挥和控制功能的演练,其目的是检测、评价多个政府部门在紧急状态下实现集权式的运行和响应能力,演练地点主要集中在若干个应急指挥中心或现场指挥部,并开展有限的现场活动,调用有限的外部资源。

功能演练比桌面演练规模要大,需动员更多的应急人员和机构,因而协调工作的难度也随着更多组织的参与而加大。演练完成后,除采取口头评论形式外,还应向地方提交有关演练活动的书面汇报,提出改进建议。

(3) 全面演练。全面演练指针对应急预案中全部或大部分应急响应功能,检验、评价应急组织应急运行能力的演练活动。全面演练一般要求持续几个小时,采取交互式方式进行,演练过程要求尽量真实,调用更多的应急人员和资源,并开展人员、设备及其他资源的实战性演练,以检验相互协调的应急响应能力。与功能演练类似,演练完成后,除采取口头评论、书面汇报外,还应提交正式的书面报告。

注意点:应急演练的组织者或策划者在确定采取哪种类型的演练方法时,还应考虑以下因素。

① 应急预案和响应程序制定工作的进展情况。②本辖区面临风险的性质和大小。③本辖区现有应急响应能力。④应急演练成本及资金筹措状况。⑤有关政府部门对应急演练工作的态度。⑥应急组织投入的资源状况。⑦国家及地方政府部门颁布的有关应急演练的规定。

2.应急演练的注意事项

(1)处理好演练与实战的关系。演练就是为了实战。通过分析得知,应急演练的实施还走不出程序化、模式化的套路,如果一直按脚本实施,就会导致演练与实战情况严重不符。演练还容易进入只注重演示、展示观摩效果而忽视训练的真正目的,重"演"轻"练",甚至只"演"不"练"的困境,这样就无法发挥应急演练的示范作用。

在开展演练前期过程中,应调查在实战中暴露出的问题,分析总结为下次演练设置提供参考。也应突出以练为主的演练形式,逐步由示范性演练向检验性演练转变,注重检验指挥部的应急响应能力,最终过渡到以"演练""实战"检验突发事件下应急队伍的专业处置能力。

(2)处理好专项演练与综合性演练的关系。近些年,我国应急演练科目的设置都是由简单向复杂转变,由单科目向综合科目转变。实际一次险情也是由多种险情组成的,如化工生产中有毒、有害介质的泄漏,经常伴随着人员中毒、介质着火、设备管道爆炸等险情发生。而演练时主要针对单项险情的处置为主,综合设置的险情偏少。演练实施过程中应处理好专项演练与综合性演练的关系,坚持实事求是、全面规划、整体部署,在专项演练基础上兼顾综合性演练。同时,演练需较大的经费投入,开展桌面推演也是演练的重要形式。

(3)处理好专业演练与员工演练的关系。化工生产中的各种建(构)筑物、生产装置、设备设施、管道阀门、电气仪表分布在指定的区域。对于复杂的化工生产的事故应急演练,分为专业演练和员工演练,这就要求演练的组织者搞好两者之间的关系。近些年,随着专业机动抢险队伍建设的逐步加强,如何解决群防队伍存在的问题,建立专防与群防结合的抢险队伍也是新时代面临的新课题。应该探索建立以群众抢险力量为基础、专业常备抢险力量为重点的地方

抢险队伍体系，开展专业抢险队伍和群众抢险队伍的融合演练工作，两种抢险力量相互配合，同向发力，发挥更大的应急作用。

四、应急响应

杜邦公司建立了一个适当的组织并提供有效的应急措施来支撑由应急反应团队承担的职责。杜邦公司认为企业发生的事故直接或间接影响到大众，因此，企业必须要告知大众，为大众提供足够的信息及应急技能来完成紧急救援，以便消防部门、警察、医疗服务能快速安全地挽救生命及控制损失的扩大。现以杜邦公司的应急响应程序为例，来说明杜邦应急响应的具体做法。

1. 范围和职责

（1）范围。包括生产企业和杜邦公司所有员工、访客及承包商人员均应执行应急响应程序。并规定访客在紧急状况时应服从员工的引导，杜邦公司员工有责任引导访客服从应急程序规定。

（2）职责。①公司应急响应委员会负责制订应急响应计划。②各区域主管针对本区域的危险特点制定相应的应急预案。③各区域主管有责任落实应急程序及相应紧急预案。④工厂管理层必须提供必要的资源（有足够人力、培训和装备）支持应急响应小组。⑤在必要的情况下，工厂经理可以取代应急响应团队指挥官来指挥工厂的应急响应。

2. 应急响应程序与要求

（1）紧急状况识别。①现场储存的有害物质的数量和地点。②自然灾害。③电力中断。④当前使用的有害物质的特性。⑤事故可能发生的地点（是否靠近水源、社区等）。⑥可能会造成有害物质释放的工作过程。⑦可能造成的后果。⑧现有的控制设备。⑨公用工程中断可能造成的后果。

（2）工厂内外的各种应急响应资源。①事故救援的组织机构及其他单位、组成人员、职责分工等。②中央控制室作为应急响应的第一位置。③事故救援机构应包括组织内和组织外。组织外指当地政府及其各种机构和组织；组织内指公司应急救援小组、急救小组、内部消防队、保安等。

（3）事故应急救援（包括伤员救治）的资源信息。包括队伍、装备、物资、专家等有关信息。

（4）同应急救援有关的具体通信联系方式及相关的保障措施。

（5）同相关应急预案的衔接关系。

（6）紧急疏散/撤离路线（包括备用路线）。

（7）紧急集合点及人员计数。

（8）要有能力处理工厂的任何紧急事件，要求应急响应的人员必须具备一定的素养。

3.应急响应小组的任务和职责

（1）事故指挥员（应急响应小组组长）。无论何时，事故指挥员在工厂发生紧急事故时都有全部的责任和权力。

（2）替补事故指挥员的任务职责。如果事故指挥员不在工厂或不可用，替补事故指挥员将负责应急指挥任务。

（3）沟通指挥。当应急警报声响起，沟通指挥立即向事故指挥员报告，当没有时机报告给事故指挥员时，沟通指挥应向替补事故指挥员报告。

（4）现场指挥。现场指挥是熟悉紧急事故程序的人员，并有能力处理变化情况，能严格遵守程序的人员。

4.火灾事故的应急响应

（1）工作时间内发生的初起火灾由义务消防队进行扑救。

（2）一旦着火，火警系统将启动并将信号传递至控制中心。火警所在区域人员应立即确认：何处失火？着火物质？是否有人受伤？伤势如何？

（3）警卫接到火警通知或确定警报为真，应立即通知下列人员：工厂应急响应小组组长；灾害发生部门的主管。

（4）外部消防队。出于响应时间的考虑，当地消防队应首先得到通知，其应在规定时间内到达现场。一旦外部专业消防队到达，灭火工作由其接手。

（5）火灾发生部门主管及应急响应小组应向目击者了解详细情况并予以记录。

（6）除紧急状况处理小组总指挥外，其他人严禁向外界透露或发布消息。

5.泄漏引起的环境污染事故

（1）危险化学品的泄漏。

① 建筑物内部泄漏：一旦容器发生泄漏，立即将其内的储存物品转移到其他容器中，操作过程中应根据危险化学品特性，采取必要的安全防护措施。如果泄漏的危险化学品有进入排水系统的可能，应采取措施将侵入途径切断，同时应通知污水处理站主管，由其决定是否采取进一步措施处理。

泄漏的危险化学品应根据区域"危险化学品泄漏处理程序"清理转移到适当的容器中。

② 建筑物外部泄漏：应立即通知区域应急响应小组组长，由他决定进一步的措施。如果是大量泄漏，应通知并召集周围的员工采取措施，以切实保证泄

漏的危险化学品不会进入排水系统，泄漏区域内及周边的雨排井口应用钢板覆盖。应急响应小组组长应决定进一步的措施。

少量的危险化学品泄漏应用吸收材料或用扫把、铲子或泵将泄漏的物品清理并转移到适当容器中。

③ 储槽泄漏：少量的泄漏应用惰性吸收材料吸收，通知区域主管联络维修人员采取其他应急措施。大量泄漏的情况下，应立即通知区域应急响应小组组长，由其决定采取何种措施处理。

（2）消防及清洁用水的处理。消防水及清洁用水应收集到污水站集水池中，经处理达标后按规定排放。

（3）员工个人防护。进行泄漏化学品处理或收集的员工，必须依据化学品的危险特性（参考其MSDS）选择并佩戴个人防护用品。个人防护用品应覆盖员工的头部、面部、躯干、四肢及呼吸系统。

总之，应急响应是事故应急救援的中心环节。对于应急响应，首先，要了解应急响应的指导原则与方法。事故的种类和严重程度各有不同，应急响应的处理方式也各不相同。其次，要求应急人员有较高的判断能力。再次，实施应急响应机制就是尽可能地减少和控制事故造成的损失，并努力防止事故的再次发生。

附录　企业安全生产事故综合应急预案示例

一、总则

1. 编制目的：

为规范企业安全生产事故应急管理，提高处置安全生产事故能力，在事故发生后，能迅速、有效、有序地实施应急救援，保障员工和顾客生命和财产安全，减少损失，特制定本预案。

2. 编制依据：

依据《生产经营单位生产安全事故应急预案编制导则》《中华人民共和国消防法》《××市商业零售经营单位安全生产规定》《人员密集场所消防安全管理规定》及有关法律、法规和规章制度，制定本预案。

3. 适用范围：

本预案适用于所发生的火灾事故、触电事故和机械伤害事故应对工作。

4. 应急工作原则：

安全第一，预防为主。以人为本、减少危害。快速反应，协调统一。

二、危险性分析

1. 企业概况：

简要介绍企业的大概情况和企业所处的位置。

2. 危险源与风险分析：

本单位内有高低压配电装置，经营区电源线路较多，易燃品集中堆放，且在区域内使用燃气和主食加工机械进行现场食品加工。如果出现人为疏忽或管理不善，就有可能发生火灾、机械伤害及触电等事故。

三、组织机构及职责

（一）应急组织机构与职责

成立安全生产事故应急指挥部（以下简称"指挥部"），下设应急办公室。结合本单位实际情况，设置信息处理组、灭火警戒组、安全疏散组、排险抢修组、后勤保障组5个应急救援组。

（二）组织体系框架

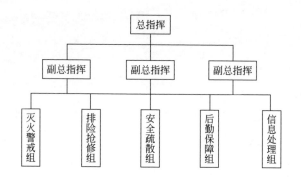

1.应急指挥部成员及职责：

总指挥：　　　　副总指挥：　　　　成　员：

职　责：

（1）接受上级部门、当地政府应急救援中心的领导并落实指令。

（2）组织本单位安全生产检查，及时消除各类安全事故隐患。

（3）组织制定本单位安全生产事故应急预案。

（4）负责本单位发生的安全生产事故先期处置和善后工作。

（5）配合专业部门进行事故现场的应急抢救工作。

（6）及时准确向当地政府及有关部门报告事故情况。

（7）组织对应急预案处置方案的演练，补充完善本单位应急预案。

2.应急办公室成员及职责：

负责人：　　　　成　员：

职　责：

（1）设专人24小时值班。

（2）接到事故报警后，及时向应急指挥部总指挥、副总指挥报告。

（3）事故发生时，负责判断并启动相应的应急处置方案。

3.应急救援组职责：

（1）信息处理组：负责与各应急小组及对外有关部门的通信联络和情况通报。

（2）灭火警戒组：发现火情立即利用消防设施、灭火器材进行初期火灾扑救，及时断电、断气。

（3）安全疏散组：负责引导各部门人员有秩序疏散。

（4）排险抢修组：抢救受伤人员并进行救护，及时护送受伤人员就医。

（5）后勤保障组：保障在应急救援中的各种物资及材料、人员的供应。

四、预防与预警

（一）危险源监控

1.应急指挥办公室24小时值班。

2.由安全人员负责加强对危险源的巡视检查，发现问题及时解决。

（二）事故预防措施

1.认真落实企业安全生产责任制、安全生产规章制度和安全操作规程。

2.及时对设备、设施的不安全状态，人的不安全行为，以及安全管理上的缺陷等隐患进行排查治理，采取有效的防护措施。

3.保证消防设备设施、消防器材、应急照明的完好有效。

4.安全疏散通道、安全出口畅通，安全指示标志明显连续。

5.在危险要害部位，设置明显的安全警示标志，便于公众识别。

6.加强对员工安全生产教育培训，提高安全生产意识，掌握安全技能，提高对事故的应急处理能力。

（三）信息报告与处置

1.事故发生后，第一发现人立即向单位负责人报告，并尽可能阻止事故的蔓延扩大。

2.现场负责人用最快速度通知指挥部成员到现场，及时启动应急预案，并迅速做出响应，进入相应的应急状态，排险抢修组依据职责分工履行各自所应承担的职责。

3.事故发生后，如事态继续发展扩大，指挥部立即将本单位地点、起始时间和部位、危险化学品（含剧毒品）名称和数量、人员伤亡情况、可能影响范围及已采取的措施等上报地区应急办公室。

五、应急响应

（一）火灾事故现场处置措施

1.员工发现事故征兆，如电源线产生火花，某个部位有烟气、异味等，立即报告值班领导，现场人员在保证自身安全条件下，立即进行自救、灭火，防止火情扩大。

2.事故现场继续蔓延扩大，现场指挥人员通知各救援小组快速集结，快速反应履行各自职责，投入灭火行动。

3.信息处理组拨打119火警电话，并及时向应急办报告，派人接应消防车辆，并随时与救援领导小组联系。

4.灭火警戒组在消防人员到达事故现场之前，在保证自身安全前提下，根据不同类型的火灾，采取不同的方法进行灭火。

如液化石油气钢瓶泄漏着火，用湿布包住双手去关闭角阀，无法关闭时，则用灭火器扑救，用水冷却钢瓶，灭火后应将钢瓶拎至空旷处放置。如电气设备着火，首先切断供电线路及电气设备电源，再利用灭火器进行灭火。

5.安全疏散组在接到警报后，立即进入指定位置，用镇定的语气呼喊，消除人员恐惧心理，稳定情绪，防止发生拥挤，以最快的速度引导人员按指示方向有序疏散。

6.排线抢修组及时抢救受伤人员，拨打120急救电话或将受伤人员送往医院进行治疗。

7.救援队伍赶到事故现场后，迅速报告未疏散出来的人员方位、数量以及疏散路线。

8.火灾现场指挥人员随时保持与各小组的通信联络，根据情况可互相调配人员。

9.进行自救灭火，疏导人员，抢救物资、伤员等救援行动时，应注意自身安全，无能力自救时各组人员应尽快撤离火灾现场，等待专业队伍救援。

（二）触电事故现场处置

1.截断电源，关上插座上的开关或拔除插头。切勿触摸电器用具的开关。

2.若无法关上开关，可站在绝缘物上，如一叠厚报纸、塑料布、木板之类，用扫帚或木椅等将伤者拨离电源，或用绳子、裤子等绕过伤者腋下或腿部，把伤者拖离电源。切勿用手触及伤者，也不要用潮湿的工具或金属物质把伤者拨开，也不要使用潮湿的物件拖动伤者。

3.如果患者呼吸心跳停止，开始人工呼吸和胸外心脏按压。若伤者昏迷，则将其身体放置成卧式，打电话叫救护车，或立即送伤者到医院急救。

（三）炊事机械伤害事故处置措施

1.发现有人受伤后，现场有关人员立即关闭设备电源，向周围人员呼救，迅速向领导报告。

2.领导接报后，立即到达现场，指挥对受伤人员的抢救工作。

3.一般性外伤，迅速包扎止血，并将伤者送往医院。

4.如果受伤人员伤势较重，现场指挥人员立即拨打120急救中心电话或将伤员送往医院治疗，并及时上报属地应急办。

（1）发生断指，立即止血，尽可能做到将断指冲洗干净，用消毒敷料包裹，用塑料袋包好，放入装有冷饮的塑料袋内，将伤者连同断指立即送往医院。

（2）肢体骨折，将伤肢固定，减少骨折断端对周围组织的进一步损伤，再送往医院。

（3）如果肢体、头发卷入设备内，立即切断电源停止机器转动，不可用倒转机器的方法，妥善的方法是拆除机器取出肢体，无法拆除时拨打119请求支援。

六、应急结束

现场应急处置后，事故得到控制，导致次生、衍生事故的隐患已消除，应急工作结束。

七、后期处理

1.组织人员尽快清理现场，检修受损设备。

2.做好伤亡人员的善后赔偿工作。

3.协助有关部门进行事故调查。

4.将事故总结报告和处置情况报送当地政府应急办，总结事故应急处置经验，对应急预案进行修改完善。

八、应急保障

1.应急队伍及通信保障：

（1）应急指挥部　　总　指　挥：　　　　　手机：
　　　　　　　　　　副总指挥：　　　　　手机：
　　　　　　　　　　成　　　员：　　　　　手机：

（2）应急办公室　　负责人：　　　手机：
　　　　　　　　　　成　员：　　　手机：
（3）信息处理组　　组　长：　　　手机：
　　　　　　　　　　组　员：　　　手机：
（4）灭火警戒组　　组　长：　　　手机：
　　　　　　　　　　组　员：　　　手机：
（5）安全疏散组　　组　长：　　　手机：
　　　　　　　　　　组　员：　　　手机：
（6）排线抢修组　　组　长：　　　手机：
　　　　　　　　　　组　员：　　　手机：
（7）后勤保障组　　组　长：　　　手机：
　　　　　　　　　　组　员：　　　手机：

2.应急救援物资保障：

照明器材：　　消防器材：　　防护用品：　　通信器材：

3.经费保障：

本单位从日常办公费用中，抽出部分资金用于应急物资的添置、维护保养及演练培训的费用支出。

九、培训与演练

1.培训：

企业安全管理的相关法律法规、设施设备的安全使用、火灾事故自救互救及逃生知识、消防器材的使用等相关知识培训。

2.演练：

根据预案每半年进行一次演练，做好演练记录，并对演练情况进行总结，修改完善应急预案。

十、奖惩

1.在事故抢险过程中，无故不到位、不服从命令或临阵逃脱的，将给予罚款或开除处理。

2.在事故抢险过程中，因表现勇敢，减少事故损失的，给予表彰奖励。

3.在事故抢险过程中，受到伤害的，按照工伤待遇处理。

十一、附则

1.应急预案备案：

本预案报送地区应急办备案，本单位应急办公室存档。

2.应急预案制定与修改：

本预案由企业应急办制定，每次演练结束或根据国家有关安全生产法规的颁布及人员设置变动情况及时修改、补充预案。

3.应急预案发布实施：

本预案经企业批准发布，报属地应急管理局备案，并于202×年×月×日起实施。

参考文献

[1] 崔政斌, 冯永发. 杜邦十大安全理念透视. 北京: 化学工业出版社, 2013.
[2] 崔政斌, 张美元, 周礼庆. 杜邦安全管理. 北京: 化学工业出版社, 2019.
[3] 崔政斌, 范拴红. 杜邦安全理念. 北京: 化学工业出版社, 2022.
[4] 崔政斌, 周礼庆. 杜邦安全文化. 北京: 化学工业出版社, 2022.
[5] 李存茂, 李九江. 战神鹰犬. 北京: 中国方正出版社, 2005.
[6] 杨澜, 杜邦. 沈阳: 辽宁人民出版社, 2000.
[7] 美国化学工程师学会化工过程安全中心. 变更管理: 导则. 赵劲松, 译. 北京: 化学工业出版社, 2013.
[8] 崔政斌, 周礼庆. 危险化学品企业安全管理指南. 北京: 化学工业出版社, 2015.
[9] 周礼庆, 崔政斌. 危险化学品企业工艺安全管理. 北京: 化学工业出版社, 2016.
[10] 崔政斌, 赵海波. 危险化学品企业隐患排查治理. 北京: 化学工业出版社, 2016.
[11] 崔政斌, 范拴红. 危险化学品企业安全标准化. 北京: 化学工业出版社, 2017.
[12] 崔政斌, 石方惠. 危险化学品企业应急救援. 北京: 化学工业出版社, 2018.
[13] 崔政斌, 赵海波. 危险化学品泄漏预防与处置. 北京: 化学工业出版社, 2018.
[14] 崔政斌. 图解化工安全生产禁令. 北京: 化学工业出版社, 2010.
[15] 崔政斌, 张美元. 世界500强企业安全管理理念. 北京: 化学工业出版社, 2015.
[16] 赵劲松, 粟镇宇, 贺丁, 等. 化工过程安全管理. 北京: 化学工业出版社, 2021.